W0303514

CARNET DE CAVE

éditions 365

MIXTE
Papier issu de sources responsables
FSC® C122901

L'imprimeur utilise du papier FSC® issu de forêts gérées durablement et des encres végétales respectueuses de l'environnement.

Copyright © 2022, Éditions 365 - 57, rue Gaston-Tessier - 75019 Paris
Tous droits réservés. Toute reproduction,
même partielle, par quelque procédé que ce soit,
est interdite sans l'autorisation écrite de la société Éditions 365.
ISBN 978-2-38382-189-2
Dépôt légal : octobre 2022
Imprimé en RPC en février 2022

www.editions365.eu
Média Diffusion. Distribution MDS.

Sommaire

À la découverte de l'œnologie

1) LE VIN EN FRANCE

▪ Les vins de France

La France regorge de régions viticoles : Alsace, Beaujolais, Bordeaux, Bourgogne, Champagne, Jura, Languedoc-Roussillon, Loire, Lorraine, Provence, Rhône... La majorité des vins produits en France (75 %) bénéficient d'appellations reconnues par l'État, certifiant leur provenance et leur qualité :

- **AOC** (appellation d'origine contrôlée, France), qui désigne un produit brut dont toutes les étapes de fabrication (production et transformation) sont effectuées dans une même zone géographique, cette dernière donnant sa spécificité au produit ;
- **AOP** (appellation d'origine protégée, Europe), qui est l'équivalent européen de l'AOC et protège le nom d'un produit dans tous les pays de l'Union européenne ;
- **IGP** (indication géographique protégée), qui désigne un produit agricole brut ou transformé dont la spécificité (qualité, réputation, savoir-faire) est étroitement liée à son origine géographique, où la production, la transformation ou l'élaboration du produit en question doivent être réalisées.

On distingue parfois le label AB sur les bouteilles, signe que le vin a été produit dans le respect de l'environnement (sans OGM ou produits de synthèse) grâce à une agriculture biologique.

Les vins sont souvent classés selon leur couleur : le blanc, le rouge et le rosé. Ces trois catégories se déclinent en différentes sous-catégories et chaque vin a ses caractéristiques. Le vin blanc peut être sec (léger, puissant ou aromatique), moelleux (doux) ou bien liquoreux (plus sucré). Le vin rosé peut être sec (léger ou puissant) ou demi-sec. Le vin rouge peut être léger ou puissant. Ces trois couleurs de vins peuvent également se présenter sous une forme effervescente : on parle alors de « mousseux », de « pétillants », de « fines bulles », de « perlants » et, bien sûr, de « champagnes ». Bien entendu, les qualificatifs des vins sont nombreux et cette liste est loin d'être exhaustive.

▪ Les professionnels du vin

L'œnologie est la science du vin. Mais avant d'être une science, la production de vin est un savoir-faire et une pratique qui perdurent grâce aux professionnels qui en composent les rouages. Ils évoluent dans trois domaines : la production, la transformation et la commercialisation.

La production concerne la culture de la vigne. Les ouvriers viticoles et tractoristes travaillent respectivement le soin des vignes (tailler, ébourgeonner, vendanger), leur développement (arracher, planter) et les traitements, les récoltes et le travail du sol. Le chef de culture dirige le travail de production et d'exploitation.

La transformation est dirigée par les professionnels de la cave (caviste, maître de chai, œnologue) qui sont chargés de contrôler la qualité du vin. Le caviste, sous la direction du maître de chai qui dirige toutes les étapes de la transformation, surveille la mise en bouteille du vin et le processus de vinification (extraire, filtrer le jus, analyser température et densité...). L'œnologue analyse ensuite ces différentes étapes dans des laboratoires.

La commercialisation du vin peut être gérée par de nombreux spécialistes (commerciaux, négociants). Bien souvent, les viticulteurs font le choix de réaliser eux-mêmes la production, la transformation et la commercialisation pour favoriser les circuits courts.

▪ Quelques mots de vocabulaire

Cépage : il s'agit d'une variété de raisin (de vigne) cultivée, dont les caractéristiques varient d'une région à une autre.

Chai : c'est un lieu généralement destiné à la vinification et/ou la conservation des vins produits.

Millésime : il s'agit de l'année de la vendange. Pour bénéficier de cette mention, le vin doit être composé exclusivement de la récolte d'une même année. La plupart du temps, les vins sont issus d'un assemblage de plusieurs crus.

Nez : ce terme est utilisé pour faire référence aux arômes, aux caractéristiques du vin perçues par l'odorat.

Robe : c'est un terme de dégustation qui désigne l'aspect visuel du vin (couleur, densité...).

2) LES BONS GESTES

▪ À adopter

Le service

Souvent, sur les conseils malavisés de convives ou à cause de certaines idées reçues, le vin n'est pas servi à la température idéale. Ainsi, il est préférable de se renseigner sur les températures que requiert chaque type de vin. De même, le choix des verres, qui peut paraître anodin, a une incidence sur la dégustation. L'idéal est de favoriser les verres à pied - la chaleur émise par les mains n'affectera pas le contenu - transparents, car une partie de la dégustation passe par le regard (analyse de la robe). La résistance et le volume du verre rendent également la dégustation plus ou moins agréable.

La conservation

Il existe des bouchons spéciaux en caoutchouc, fonctionnant avec un système manuel de pompage à vide, qui vous permettront de conserver vos vins au frais quelques jours supplémentaires. Il faudra néanmoins positionner vos bouteilles à la verticale, de manière à minimiser le contact avec l'air.

▪ À proscrire

Secouer le vin

Le vin est une boisson délicate : certains mettent des années à vieillir et forment, pendant ce processus, des dépôts qui leur confèrent un arôme particulier. En secouant une bouteille de manière hasardeuse, tout ce processus est anéanti.

Conserver le vin dans un endroit inapproprié

Il est déconseillé de conserver ses bouteilles dans la cuisine, en dehors de conteneurs prévus à cet effet (comme une cave de conservation). Les fortes odeurs et la proximité des aliments peuvent modifier le goût du vin. De même, exposer ses bouteilles dans une salle à manger ou en extérieur peut également être néfaste, non seulement à cause des températures qui fluctuent brusquement, mais aussi à cause de la luminosité aléatoire.

Ne pas entretenir ses bouteilles

La poussière et autres bactéries peuvent affecter la conservation du vin. Optez donc pour un nettoyage à sec, à l'aide d'un chiffon, et évitez l'usage de détergents pour minimiser les risques de contamination.

Tarder à consommer le vin

Après sa période d'apogée, un vin subit des pertes au niveau gustatif. Ce carnet de cave, très pratique pour dater et suivre l'évolution de vos bouteilles, vous permettra d'éviter cet impair.

Façonner sa propre cave à vin

1) POSSÉDER SA PROPRE CAVE

Avoir sa propre cave à vin constitue une plus-value non négligeable. C'est conserver ses plus grands crus à proximité et les déguster à maturité dans les meilleures conditions ! Toutefois, d'autres critères sont à prendre en compte avant de s'engager sur le long terme.

▪ Ce qu'il faut savoir

Tout d'abord, il vous faut calculer le budget que vous souhaitez dédier à votre cave. Cette estimation vous permettra de déterminer vos besoins et la superficie idéale pour les satisfaire. Sachez tout de même que plus le lieu choisi sera vaste, plus les coûts visant à maintenir la température et l'hygrométrie (taux d'humidité dans l'air) seront conséquents.

Une bonne isolation pour votre cave est essentielle, tout en gardant une bonne hygrométrie (votre cave ne doit pas être trop sèche). Au contact de la moisissure, la conservation de vos vins sera difficile, voire impossible. Favorisez le bois au béton, et utilisez une peinture antimoisissure pour prévenir les risques. De même, il est préférable de préserver vos bouteilles des vibrations (en choisissant un lieu excentré) et des odeurs (en évitant les contacts avec la nourriture).

L'obscurité est parfaite pour le bon vieillissement du vin. Si vous souhaitez tout de même installer un système d'éclairage, veillez à ce que celui-ci soit réglé au minimum et limitez les contacts de votre cave avec la lumière extérieure.

La température idéale pour le vieillissement du vin est de 12 °C. Pour que celle-ci reste constante, équipez votre cave d'un climatiseur (bien sûr, ce dispositif ne vous dispense pas de contrôler la température régulièrement). Le taux d'humidité (à mesurer à l'aide d'un hygromètre) se situe idéalement entre 70 % et 80 %.

Une fois que vous aurez sélectionné vos crus, il faudra les ranger précautionneusement. Pour que vos bouteilles restent en bon état, privilégiez les casiers individuels afin de les entreposer et positionnez-les à l'horizontale.

Si vous n'avez ni le temps ni les capacités d'effectuer vous-même les travaux nécessaires, vous pouvez faire appel à des entreprises spécialisées dont les tarifs sont plus ou moins raisonnables.

▪ Les démarches à entreprendre

Selon la superficie de la cave que vous souhaitez construire, des autorisations sont nécessaires. Il vous faudra remplir une déclaration en mairie si la superficie se situe entre 5 m^2 et 20 m^2. Si cette surface atteint ou excède les 20 m^2, une demande de permis de construire sera obligatoire. Ces étapes ne sont pas à négliger : les risques d'accidents domestiques (incendies, dégâts des eaux) et de catastrophes naturelles sont nombreux. S'il existe des assurances spécialisées dans les caves ou armoires à vin (utiles également en cas de vols), toute construction illégale ne pourra être prise en charge. Pour obtenir plus de renseignements sur les étapes à suivre, rendez-vous sur le site officiel : service-public.fr.

2) LES ALTERNATIVES

Si vous n'avez pas la possibilité de construire une cave à vin chez vous, voici quelques alternatives pour conserver vos bouteilles dans des conditions optimales.

▪ La location de cave

La location de cave peut être très utile lorsqu'on souhaite avoir un espace sécurisé pour entreposer ses bouteilles sans encombrer son foyer. Néanmoins, quelques critères sont à prendre en compte avant de confier vos crus, notamment la réputation de l'entreprise, son sérieux et la sécurité qu'elle prévoit pour vos biens.

▪ La cave à vin de vieillissement

La cave à vin de vieillissement est un dispositif idéal pour les passionnés. Elle reproduit quasiment à la perfection les conditions d'une cave à vin classique (luminosité inexistante, température idéale, absence de vibrations…). Elle peut contenir un grand nombre de bouteilles (plus d'une centaine selon le modèle) et permet de bonifier pendant des années les grands crus pour qu'ils atteignent leur apogée.

▪ La cave à vin de conservation

Bien souvent, les caves à vin de vieillissement et de conservation sont confondues. Pourtant, si la cave à vin de conservation semble similaire à celle de vieillissement, elle n'a pas vocation à faire vieillir les vins. En revanche, elle permet de conserver à proximité des vins qui sont à leur apogée, à consommer dans les trois ans maximum une fois ce stade atteint.

▪ La cave à vin de service

Comme son nom l'indique, elle est très utile pour préparer les vins à la dégustation. Son rôle est d'amener le vin à sa température idéale afin qu'il soit consommé rapidement (dans la journée). Elle est plébiscitée par les professionnels de la restauration et de l'hôtellerie ainsi que par les grands consommateurs de vin.

▪ La cave à vin multi-températures ou polyvalente

La cave à vin multi-températures ou polyvalente peut être employée de différentes manières. Elle peut être utilisée pour faire mûrir le vin, pour le conserver pendant quelque temps ou bien pour le service. Elle réunit donc les avantages de toutes les caves citées précédemment. Néanmoins, si vous souhaitez avant tout conserver vos vins pour qu'ils gagnent davantage de maturité, il serait plus judicieux de choisir une cave à vin de vieillissement, bien plus adaptée à cet usage.

Aller plus loin

1) LES MANIFESTATIONS

En France, il est possible d'assister toute l'année à de nombreuses manifestations liées au vin. Voici quelques salons et foires auxquels participer : salons des Vins de France (différents salons pour promouvoir la viticulture régionale), salon des Vins des Vignerons indépendants, salon ViniBio (exposants spécialisés dans la production de vins biologiques), la Foire de Paris (savourer le terroir français et les vins régionaux).

2) LES ATELIERS

Chaque année, de nombreux professionnels du vin permettent aux non-initiés de découvrir et de déguster de grands cépages et bien d'autres activités par le biais d'ateliers dont les prix sont tout à fait abordables.

3) SE DOCUMENTER

La toile regorge de sites et de blogs très bien renseignés dont voici quelques exemples : toutlevin.com ; idealwine.net ; cavisteauthentique.com ; le-vin-pas-a-pas.com ; larvf.com ; hachette-vins.com.
Il existe également des revues spécialisées très utiles et documentées. Notamment *La Revue du vin de France* qui jouit d'une excellente réputation, tant auprès des professionnels que des particuliers.

4) TABLEAUX DE VIEILLISSEMENT DU VIN FRANÇAIS PAR ÂGE

Vins rouges, par âge				
	À faire vieillir	À maturité	À l'apogée	En déclin
Loire	1 an	2-3 ans	4-6 ans	+ 6 ans
Bordeaux	2 ans	3-4 ans	5-10 ans	+ 10 ans
Bordeaux, grands crus	5 ans	6-10 ans	10-20 ans	+ 20 ans
Sud-Ouest	2 ans	3-4 ans	5-10 ans	+ 10 ans
Languedoc & Provence	2 ans	3-4 ans	5-8 ans	+ 8 ans
Côtes du Rhône	1 an	2-3 ans	4-6 ans	+ 6 ans
Côtes du Rhône, grands crus	5 ans	6-10 ans	10-20 ans	+ 20 ans
Beaujolais	1 an	2-3 ans	4 ans	+ 5 ans
Beaujolais, crus	2 ans	3-4 ans	5-8 ans	+ 8 ans
Bourgogne, Saône-et-Loire	2 ans	3-4 ans	5-10 ans	+ 10 ans
Bourgogne, Côte-d'Or	5 ans	6-10 ans	10-20 ans	+ 20 ans

Vins blancs, par âge				
	À faire vieillir	À maturité	À l'apogée	En déclin
Loire, sec	1 an	2 ans	3-4 ans	+ 4 ans
Loire, moelleux et liquoreux	3 ans	4-10 ans	10-20 ans	+ 20 ans
Bordeaux, sec	2 ans	3-4 ans	5-8 ans	+ 8 ans
Bordeaux, liquoreux	6 ans	7-15 ans	15-20 ans	+ 20 ans
Sud-Ouest, sec	1 an	2-3 ans	4-5 ans	+ 5 ans
Sud-Ouest, liquoreux	2 ans	3-5 ans	10-15 ans	+ 15 ans
Languedoc & Provence	1 an	2 ans	3 ans	+ 3 ans
Côtes du Rhône	1 an	2 ans	3-4 ans	+ 4 ans
Bourgogne, Saône-et-Loire	1 an	2-3 ans	4 ans	+ 5 ans
Bourgogne, Côte-d'Or	3 ans	4-6 ans	7-10 ans	+ 10 ans
Jura	4 ans	5-8 ans	8-20 ans	+ 20 ans
Alsace	1 an	2-3 ans	4-5 ans	+ 5 ans
Champagne	1 an	2 ans	3 ans	+ 3 ans

Vins rosés, par âge				
	À faire vieillir	À maturité	À l'apogée	En déclin
Languedoc	1 an	2 ans	3-4 ans	+ 4 ans
Provence	1 an	2 ans	3 ans	+ 3 ans
Rhône	Non	1 an	2 ans	+ 2 ans

ACCORDS METS ET VINS

L'équilibre entre un plat et le vin qui l'accompagne est primordial. L'arôme du vin ne doit pas prendre le pas sur le mets, mais le compléter pour donner un ensemble harmonieux.
Voici ce que nous vous proposons pour accompagner vos différents plats.

Pour la viande

Le veau : assez neutre, cette viande s'accorde, le plus souvent, avec un vin léger mais plein de charme. Vins types : saint-émilion, pomerol, beaujolais, beaune, santenay, chinon. En osso-buco : bourgueil, saumur-champigny, bergerac. En blanquette : médoc, brouilly, rully, puligny-montrachet.
L'agneau et le mouton : viandes grasses, elles se marient avec un vin rouge plus tannique et plus corsé en ce qui concerne le mouton. Vins types : listrac, moulis-en-médoc, beaujolais-villages, chinon, saint-estèphe, pauillac, graves rouge, hermitage rouge, bandol rouge. En couscous/méchoui : corbières.
Le porc : cette viande appelle un vin fruité. Vins types : santenay, brouilly, chinon, saint-émilion, pomerol, beaune, bourgueil, côtes-de-buzet, madiran.
Le bœuf : il s'accorde souvent avec un rouge corsé. Vins types : beaujolais, côtes-du-rhône, bordeaux supérieur, cahors, saint-émilion, pomerol, côte-rôtie, châteauneuf-du-pape, saint-estèphe, pauillac, hermitage, savigny, santenay, morgon, chinon.
Le gibier : puissant en goût, en marinade ou en civet, il demande un vin rouge opulent. Vins types : gigondas, châteauneuf-du-pape, corbières-boutenac, fitou.

Pour le poisson et les crustacés

Le saumon : c'est un poisson à chair grasse, goûteuse et fondante, qui demande un vin blanc sec et vif. Vins types : mâcon, pouilly-fumé, condrieu, hermitage, côtes-de-provence.
Le thon rouge : ce poisson gras ne supporte pas le tanin, on préfère donc un vin rouge souple. Vins types : sancerre, reuilly, coteaux-du-giennois, pinot noir, mercurey, givry, rully.

Le lieu : il se marie parfaitement avec un vin blanc sec plutôt jeune. Vins types : chablis grand cru, jurançon sec, vacqueyras blanc, ajaccio blanc, bandol blanc.
La sole : si elle est accompagnée d'une crème, la sole s'accommode d'un vin blanc suave, acide et dense. Vins types : montlouis, vouvray, minervois, meursault. Sans sauce : muscadet, sancerre, pouilly-fumé, reuilly, quincy.
Le cabillaud : il se marie à merveille avec du vin blanc sec, qu'il soit jeune ou vieux. Vins types : chablis premier cru, mâcon blanc, alsace grand cru riesling, vouvray, pessac-léognan blanc.
Les crustacés : le tourteau ou les gambas réclament un vin blanc vif et simple (vin-de-savoie, petit-chablis, reuilly). La langoustine se marie au vin blanc délicat et rond. Pour le homard et la langouste, il faut aller vers un vin blanc plus opulent (meursault, hermitage, pessac-léognan).

Pour les fromages

Les bleus : on opte pour un vin blanc doux et sucré, tranchant avec le caractère fort et salé du fromage. Vins types : loupiac, maury, sainte-croix-du-mont, sauternes, monbazillac, banyuls, rivesaltes, rancio.
Les fromages à pâte pressée : ils appellent un vin blanc très sec et léger avec un rien d'acidité. Vins types : château-chalon, meursault mûr, côtes-d'auvergne rouge, mercurey, pomerol, saint-émilion.
Les fromages à pâte molle : pour les plus parfumés (maroilles ou munster), on choisit un vin assez fort. Vins types : gewurztraminer corsé, pinot gris vendanges tardives. Pour les moins forts (camembert ou chaource), on préfère un vin plus doux. Vins types : champagne, coteaux-champenois.
Les fromages de chèvre : plus ils sont secs, plus ils sont salés. Ils s'accommodent bien avec un vin blanc. Vins types : menetou-salon blanc, sancerre blanc, chablis, mâcon-villages, saint-véran, pouilly-fumé, jurançon, sauvignon de touraine, reuilly blanc, cheverny, châteauneuf-du-pape blanc.

INVENTAIRE DE LA CAVE

Température de la cave : ....°C

VIN	MILLÉSIME	PRODUCTEUR	ENTRÉE	SORTIE	DATE	RESTE*

*INDIQUEZ LE NOMBRE DE BOUTEILLES QU'IL VOUS RESTE DE CE VIN

INVENTAIRE DE LA CAVE

Température de la cave : ....°C

VIN	MILLÉSIME	PRODUCTEUR	ENTRÉE	SORTIE	DATE	RESTE*

*INDIQUEZ LE NOMBRE DE BOUTEILLES QU'IL VOUS RESTE DE CE VIN

INVENTAIRE DE LA CAVE

Température de la cave : ....°C

VIN	MILLÉSIME	PRODUCTEUR	ENTRÉE	SORTIE	DATE	RESTE*

*INDIQUEZ LE NOMBRE DE BOUTEILLES QU'IL VOUS RESTE DE CE VIN

INVENTAIRE DE LA CAVE

Température de la cave : ....°C

VIN	MILLÉSIME	PRODUCTEUR	ENTRÉE	SORTIE	DATE	RESTE*

*INDIQUEZ LE NOMBRE DE BOUTEILLES QU'IL VOUS RESTE DE CE VIN

INVENTAIRE DE LA CAVE

Température de la cave : ....°C

VIN	MILLÉSIME	PRODUCTEUR	ENTRÉE	SORTIE	DATE	RESTE*

*INDIQUEZ LE NOMBRE DE BOUTEILLES QU'IL VOUS RESTE DE CE VIN

INVENTAIRE DE LA CAVE

Température de la cave : ....°C

VIN	MILLÉSIME	PRODUCTEUR	ENTRÉE	SORTIE	DATE	RESTE*

*INDIQUEZ LE NOMBRE DE BOUTEILLES QU'IL VOUS RESTE DE CE VIN

INVENTAIRE DE LA CAVE

Température de la cave : ....°C

VIN	MILLÉSIME	PRODUCTEUR	ENTRÉE	SORTIE	DATE	RESTE*

*INDIQUEZ LE NOMBRE DE BOUTEILLES QU'IL VOUS RESTE DE CE VIN

INVENTAIRE DE LA CAVE

Température de la cave : ....°C

VIN	MILLÉSIME	PRODUCTEUR	ENTRÉE	SORTIE	DATE	RESTE*

*INDIQUEZ LE NOMBRE DE BOUTEILLES QU'IL VOUS RESTE DE CE VIN

INVENTAIRE DE LA CAVE

Température de la cave : ....°C

VIN	MILLÉSIME	PRODUCTEUR	ENTRÉE	SORTIE	DATE	RESTE*

*INDIQUEZ LE NOMBRE DE BOUTEILLES QU'IL VOUS RESTE DE CE VIN

INVENTAIRE DE LA CAVE

Température de la cave : ....°C

VIN	MILLÉSIME	PRODUCTEUR	ENTRÉE	SORTIE	DATE	RESTE*

*INDIQUEZ LE NOMBRE DE BOUTEILLES QU'IL VOUS RESTE DE CE VIN

INVENTAIRE DE LA CAVE

Température de la cave : ....°C

VIN	MILLÉSIME	PRODUCTEUR	ENTRÉE	SORTIE	DATE	RESTE*

*INDIQUEZ LE NOMBRE DE BOUTEILLES QU'IL VOUS RESTE DE CE VIN

INVENTAIRE DE LA CAVE

Température de la cave : ....°C

VIN	MILLÉSIME	PRODUCTEUR	ENTRÉE	SORTIE	DATE	RESTE*

*INDIQUEZ LE NOMBRE DE BOUTEILLES QU'IL VOUS RESTE DE CE VIN

INVENTAIRE DE LA CAVE

Température de la cave : ....°C

VIN	MILLÉSIME	PRODUCTEUR	ENTRÉE	SORTIE	DATE	RESTE*

*INDIQUEZ LE NOMBRE DE BOUTEILLES QU'IL VOUS RESTE DE CE VIN

INVENTAIRE DE LA CAVE

Température de la cave : ....°C

VIN	MILLÉSIME	PRODUCTEUR	ENTRÉE	SORTIE	DATE	RESTE*

*INDIQUEZ LE NOMBRE DE BOUTEILLES QU'IL VOUS RESTE DE CE VIN

VINS *rouges*

FICHE D'IDENTITÉ DU VIN

Domaine/château : ....

Appellation : ◯ AOP ◯ AOC ◯ BIO ◯ IGP

Cuvée : .... Millésime : ....

Cépage(s) : ....

Région/pays : ....

Degré d'alcool : .... Prix de la bouteille : ....

Provenance

Producteur : ....

Coordonnées : ....

....

Gestion

Nombre de bouteilles entrées : .... Date d'achat : ....

Durée de garde estimée : .... Verres conseillés : ....

Conservation

Emplacement : ....

À boire à partir de : ....

À boire avant le : ....

Apogée : ....

Dégustation

La robe : ....

Le nez : ....

Le palais : ....

Commentaires de dégustation : ....

Note : ☆ ☆ ☆ ☆ ☆ Servir à : .... °C

Plats à associer : ....

Dégusté le : .... Avec : ....

Dégusté le : .... Avec : ....

FICHE D'IDENTITÉ DU VIN

Domaine/château : ....

Appellation : ◯ AOP ◯ AOC ◯ BIO ◯ IGP

Cuvée : .... Millésime : ....

Cépage(s) : ....

Région/pays : ....

Degré d'alcool : .... Prix de la bouteille : ....

Provenance

Producteur : ....

Coordonnées : ....

....

Gestion

Nombre de bouteilles entrées : .... Date d'achat : ....

Durée de garde estimée : .... Verres conseillés : ....

Conservation

Emplacement : ....

À boire à partir de : ....

À boire avant le : ....

Apogée : ....

Dégustation

La robe :

Le nez :

Le palais :

Commentaires de dégustation :

Note : ☆ ☆ ☆ ☆ ☆ Servir à : ....°C

Plats à associer :

Dégusté le : Avec :

Dégusté le : Avec :

FICHE D'IDENTITÉ DU VIN

Domaine/château : ....

Appellation : ◯ AOP ◯ AOC ◯ BIO ◯ IGP

Cuvée : .... Millésime : ....

Cépage(s) : ....

Région/pays : ....

Degré d'alcool : .... Prix de la bouteille : ....

Provenance

Producteur : ....

Coordonnées : ....

....

Gestion

Nombre de bouteilles entrées : .... Date d'achat : ....

Durée de garde estimée : .... Verres conseillés : ....

Conservation

Emplacement : ....

À boire à partir de : ....

À boire avant le : ....

Apogée : ....

Dégustation

La robe : ....

Le nez : ....

Le palais : ....

Commentaires de dégustation : ....

Note : ☆ ☆ ☆ ☆ ☆ Servir à : ....°C

Plats à associer : ....

Dégusté le : .... Avec : ....

Dégusté le : .... Avec : ....

FICHE D'IDENTITÉ DU VIN

Domaine/château : ....

Appellation : ◯ AOP ◯ AOC ◯ BIO ◯ IGP

Cuvée : .... Millésime : ....

Cépage(s) : ....

Région/pays : ....

Degré d'alcool : .... Prix de la bouteille : ....

Provenance

Producteur : ....

Coordonnées : ....

....

Gestion

Nombre de bouteilles entrées : .... Date d'achat : ....

Durée de garde estimée : .... Verres conseillés : ....

Conservation

Emplacement : ....

À boire à partir de : ....

À boire avant le : ....

Apogée : ....

Dégustation

La robe :

Le nez :

Le palais :

Commentaires de dégustation :

Note : ☆ ☆ ☆ ☆ ☆ Servir à : °C

Plats à associer :

Dégusté le : Avec :

Dégusté le : Avec :

FICHE D'IDENTITÉ DU VIN

Domaine/château : ....

Appellation : ◯ AOP ◯ AOC ◯ BIO ◯ IGP

Cuvée : .... Millésime : ....

Cépage(s) : ....

Région/pays : ....

Degré d'alcool : .... Prix de la bouteille : ....

Provenance

Producteur : ....

Coordonnées : ....

....

Gestion

Nombre de bouteilles entrées : .... Date d'achat : ....

Durée de garde estimée : .... Verres conseillés : ....

Conservation

Emplacement : ....

À boire à partir de : ....

À boire avant le : ....

Apogée : ....

Dégustation

La robe :

Le nez :

Le palais :

Commentaires de dégustation :

Note : ☆ ☆ ☆ ☆ ☆ Servir à : .... °C

Plats à associer :

Dégusté le : .... Avec :

Dégusté le : .... Avec :

FICHE D'IDENTITÉ DU VIN

Domaine/château : ....

Appellation : ◯ AOP ◯ AOC ◯ BIO ◯ IGP

Cuvée : .... Millésime : ....

Cépage(s) : ....

Région/pays : ....

Degré d'alcool : .... Prix de la bouteille : ....

Provenance

Producteur : ....

Coordonnées : ....

....

Gestion

Nombre de bouteilles entrées : .... Date d'achat : ....

Durée de garde estimée : .... Verres conseillés : ....

Conservation

Emplacement : ....

À boire à partir de : ....

À boire avant le : ....

Apogée : ....

Dégustation

La robe : ....

....

....

....

Le nez : ....

....

....

....

Le palais : ....

....

....

....

Commentaires de dégustation : ....

....

....

....

Note : ☆ ☆ ☆ ☆ ☆ Servir à : .... °C

Plats à associer : ....

....

Dégusté le : .... Avec : ....

....

Dégusté le : .... Avec : ....

....

FICHE D'IDENTITÉ DU VIN

Domaine/château : ....

Appellation : ◯ AOP ◯ AOC ◯ BIO ◯ IGP

Cuvée : .... Millésime : ....

Cépage(s) : ....

Région/pays : ....

Degré d'alcool : .... Prix de la bouteille : ....

Provenance

Producteur : ....

Coordonnées : ....

....

Gestion

Nombre de bouteilles entrées : .... Date d'achat : ....

Durée de garde estimée : .... Verres conseillés : ....

Conservation

Emplacement : ....

À boire à partir de : ....

À boire avant le : ....

Apogée : ....

Dégustation

La robe :

Le nez :

Le palais :

Commentaires de dégustation :

Note : ☆ ☆ ☆ ☆ ☆ Servir à : °C

Plats à associer :

Dégusté le : Avec :

Dégusté le : Avec :

FICHE D'IDENTITÉ DU VIN

Domaine/château : ....

Appellation : ◯ AOP ◯ AOC ◯ BIO ◯ IGP

Cuvée : .... Millésime : ....

Cépage(s) : ....

Région/pays : ....

Degré d'alcool : .... Prix de la bouteille : ....

Provenance

Producteur : ....

Coordonnées : ....

....

Gestion

Nombre de bouteilles entrées : .... Date d'achat : ....

Durée de garde estimée : .... Verres conseillés : ....

Conservation

Emplacement : ....

À boire à partir de : ....

À boire avant le : ....

Apogée : ....

Dégustation

La robe : ……………………………………………………………………………

……………………………………………………………………………………

……………………………………………………………………………………

……………………………………………………………………………………

Le nez : ……………………………………………………………………………

……………………………………………………………………………………

……………………………………………………………………………………

……………………………………………………………………………………

Le palais : …………………………………………………………………………

……………………………………………………………………………………

……………………………………………………………………………………

……………………………………………………………………………………

Commentaires de dégustation : ……………………………………………………

……………………………………………………………………………………

……………………………………………………………………………………

……………………………………………………………………………………

Note : ☆ ☆ ☆ ☆ ☆ Servir à : ………… °C

Plats à associer : ……………………………………………………………………

……………………………………………………………………………………

Dégusté le : …………………………… Avec : ……………………………………

……………………………………………………………………………………

Dégusté le : …………………………… Avec : ……………………………………

……………………………………………………………………………………

FICHE D'IDENTITÉ DU VIN

Domaine/château : ....

Appellation : ◯ AOP ◯ AOC ◯ BIO ◯ IGP

Cuvée : .... Millésime : ....

Cépage(s) : ....

Région/pays : ....

Degré d'alcool : .... Prix de la bouteille : ....

Provenance

Producteur : ....

Coordonnées : ....

....

Gestion

Nombre de bouteilles entrées : .... Date d'achat : ....

Durée de garde estimée : .... Verres conseillés : ....

Conservation

Emplacement : ....

À boire à partir de : ....

À boire avant le : ....

Apogée : ....

Dégustation

La robe :

Le nez :

Le palais :

Commentaires de dégustation :

Note : ☆ ☆ ☆ ☆ ☆ Servir à : ....°C

Plats à associer :

Dégusté le : Avec :

Dégusté le : Avec :

FICHE D'IDENTITÉ DU VIN

Domaine/château : ....

Appellation : ◯ AOP ◯ AOC ◯ BIO ◯ IGP

Cuvée : .... Millésime : ....

Cépage(s) : ....

Région/pays : ....

Degré d'alcool : .... Prix de la bouteille : ....

Provenance

Producteur : ....

Coordonnées : ....

....

Gestion

Nombre de bouteilles entrées : .... Date d'achat : ....

Durée de garde estimée : .... Verres conseillés : ....

Conservation

Emplacement : ....

À boire à partir de : ....

À boire avant le : ....

Apogée : ....

Dégustation

La robe : ....

....

....

....

Le nez : ....

....

....

....

Le palais : ....

....

....

....

Commentaires de dégustation : ....

....

....

....

Note : ☆ ☆ ☆ ☆ ☆ Servir à : .... °C

Plats à associer : ....

....

Dégusté le : .... Avec : ....

....

Dégusté le : .... Avec : ....

....

FICHE D'IDENTITÉ DU VIN

Domaine/château : ....

Appellation : ◯ AOP ◯ AOC ◯ BIO ◯ IGP

Cuvée : .... Millésime : ....

Cépage(s) : ....

Région/pays : ....

Degré d'alcool : .... Prix de la bouteille : ....

Provenance

Producteur : ....

Coordonnées : ....

....

Gestion

Nombre de bouteilles entrées : .... Date d'achat : ....

Durée de garde estimée : .... Verres conseillés : ....

Conservation

Emplacement : ....

À boire à partir de : ....

À boire avant le : ....

Apogée : ....

Dégustation

La robe : ....

....

....

....

Le nez : ....

....

....

....

Le palais : ....

....

....

....

Commentaires de dégustation : ....

....

....

....

Note : ☆ ☆ ☆ ☆ ☆ Servir à : ....°C

Plats à associer : ....

....

Dégusté le : .... Avec : ....

....

Dégusté le : .... Avec : ....

....

FICHE D'IDENTITÉ DU VIN

Domaine/château : ....

Appellation : ◯ AOP ◯ AOC ◯ BIO ◯ IGP

Cuvée : .... Millésime : ....

Cépage(s) : ....

Région/pays : ....

Degré d'alcool : .... Prix de la bouteille : ....

Provenance

Producteur : ....

Coordonnées : ....

....

Gestion

Nombre de bouteilles entrées : .... Date d'achat : ....

Durée de garde estimée : .... Verres conseillés : ....

Conservation

Emplacement : ....

À boire à partir de : ....

À boire avant le : ....

Apogée : ....

Dégustation

La robe : ....

....

....

....

Le nez : ....

....

....

....

Le palais : ....

....

....

....

Commentaires de dégustation : ....

....

....

....

Note : ☆ ☆ ☆ ☆ ☆ Servir à : ....°C

Plats à associer : ....

....

Dégusté le : .... Avec : ....

....

Dégusté le : .... Avec : ....

....

FICHE D'IDENTITÉ DU VIN

Domaine/château : ....

Appellation : ◯ AOP ◯ AOC ◯ BIO ◯ IGP

Cuvée : .... Millésime : ....

Cépage(s) : ....

Région/pays : ....

Degré d'alcool : .... Prix de la bouteille : ....

Provenance

Producteur : ....

Coordonnées : ....

....

Gestion

Nombre de bouteilles entrées : .... Date d'achat : ....

Durée de garde estimée : .... Verres conseillés : ....

Conservation

Emplacement : ....

À boire à partir de : ....

À boire avant le : ....

Apogée : ....

Dégustation

La robe : ....

....

....

....

Le nez : ....

....

....

....

Le palais : ....

....

....

....

Commentaires de dégustation : ....

....

....

....

Note : ☆ ☆ ☆ ☆ ☆ Servir à : .... °C

Plats à associer : ....

....

Dégusté le : .... Avec : ....

....

Dégusté le : .... Avec : ....

....

FICHE D'IDENTITÉ DU VIN

Domaine/château : ....

Appellation : ◯ AOP ◯ AOC ◯ BIO ◯ IGP

Cuvée : .... Millésime : ....

Cépage(s) : ....

Région/pays : ....

Degré d'alcool : .... Prix de la bouteille : ....

Provenance

Producteur : ....

Coordonnées : ....

....

Gestion

Nombre de bouteilles entrées : .... Date d'achat : ....

Durée de garde estimée : .... Verres conseillés : ....

Conservation

Emplacement : ....

À boire à partir de : ....

À boire avant le : ....

Apogée : ....

Dégustation

La robe : ....

Le nez : ....

Le palais : ....

Commentaires de dégustation : ....

Note : ☆ ☆ ☆ ☆ ☆ Servir à : .... °C

Plats à associer : ....

Dégusté le : .... Avec : ....

Dégusté le : .... Avec : ....

FICHE D'IDENTITÉ DU VIN

Domaine/château : ....

Appellation : ◯ AOP ◯ AOC ◯ BIO ◯ IGP

Cuvée : .... Millésime : ....

Cépage(s) : ....

Région/pays : ....

Degré d'alcool : .... Prix de la bouteille : ....

Provenance

Producteur : ....

Coordonnées : ....

....

Gestion

Nombre de bouteilles entrées : .... Date d'achat : ....

Durée de garde estimée : .... Verres conseillés : ....

Conservation

Emplacement : ....

À boire à partir de : ....

À boire avant le : ....

Apogée : ....

Dégustation

La robe : ....

....

....

....

Le nez : ....

....

....

....

Le palais : ....

....

....

....

Commentaires de dégustation : ....

....

....

....

Note : ☆ ☆ ☆ ☆ ☆ Servir à : .... °C

Plats à associer : ....

....

Dégusté le : .... Avec : ....

....

Dégusté le : .... Avec : ....

....

FICHE D'IDENTITÉ DU VIN

Domaine/château : ....

Appellation : ◯ AOP ◯ AOC ◯ BIO ◯ IGP

Cuvée : .... Millésime : ....

Cépage(s) : ....

Région/pays : ....

Degré d'alcool : .... Prix de la bouteille : ....

Provenance

Producteur : ....

Coordonnées : ....

....

Gestion

Nombre de bouteilles entrées : .... Date d'achat : ....

Durée de garde estimée : .... Verres conseillés : ....

Conservation

Emplacement : ....

À boire à partir de : ....

À boire avant le : ....

Apogée : ....

Dégustation

La robe :

Le nez :

Le palais :

Commentaires de dégustation :

Note : ☆ ☆ ☆ ☆ ☆ Servir à : ....°C

Plats à associer :

Dégusté le : Avec :

Dégusté le : Avec :

FICHE D'IDENTITÉ DU VIN

Domaine/château : ....

Appellation : ◯ AOP ◯ AOC ◯ BIO ◯ IGP

Cuvée : .... Millésime : ....

Cépage(s) : ....

Région/pays : ....

Degré d'alcool : .... Prix de la bouteille : ....

Provenance

Producteur : ....

Coordonnées : ....

....

Gestion

Nombre de bouteilles entrées : .... Date d'achat : ....

Durée de garde estimée : .... Verres conseillés : ....

Conservation

Emplacement : ....

À boire à partir de : ....

À boire avant le : ....

Apogée : ....

Dégustation

La robe :

Le nez :

Le palais :

Commentaires de dégustation :

Note : ☆ ☆ ☆ ☆ ☆ Servir à : .... °C

Plats à associer :

Dégusté le : Avec :

Dégusté le : Avec :

FICHE D'IDENTITÉ DU VIN

Domaine/château : ....

Appellation : ◯ AOP ◯ AOC ◯ BIO ◯ IGP

Cuvée : .... Millésime : ....

Cépage(s) : ....

Région/pays : ....

Degré d'alcool : .... Prix de la bouteille : ....

Provenance

Producteur : ....

Coordonnées : ....

....

Gestion

Nombre de bouteilles entrées : .... Date d'achat : ....

Durée de garde estimée : .... Verres conseillés : ....

Conservation

Emplacement : ....

À boire à partir de : ....

À boire avant le : ....

Apogée : ....

Dégustation

La robe :

Le nez :

Le palais :

Commentaires de dégustation :

Note : ☆ ☆ ☆ ☆ ☆ Servir à : .... °C

Plats à associer :

Dégusté le : Avec :

Dégusté le : Avec :

FICHE D'IDENTITÉ DU VIN

Domaine/château : ....

Appellation : ◯ AOP ◯ AOC ◯ BIO ◯ IGP

Cuvée : .... Millésime : ....

Cépage(s) : ....

Région/pays : ....

Degré d'alcool : .... Prix de la bouteille : ....

Provenance

Producteur : ....

Coordonnées : ....

....

Gestion

Nombre de bouteilles entrées : .... Date d'achat : ....

Durée de garde estimée : .... Verres conseillés : ....

Conservation

Emplacement : ....

À boire à partir de : ....

À boire avant le : ....

Apogée : ....

Dégustation

La robe : ....

....

....

....

Le nez : ....

....

....

....

Le palais : ....

....

....

....

Commentaires de dégustation : ....

....

....

....

Note : ☆ ☆ ☆ ☆ ☆ Servir à : ....°C

Plats à associer : ....

....

Dégusté le : .... Avec : ....

....

Dégusté le : .... Avec : ....

....

FICHE D'IDENTITÉ DU VIN

Domaine/château : ....

Appellation : ◯ AOP ◯ AOC ◯ BIO ◯ IGP

Cuvée : .... Millésime : ....

Cépage(s) : ....

Région/pays : ....

Degré d'alcool : .... Prix de la bouteille : ....

Provenance

Producteur : ....

Coordonnées : ....

....

Gestion

Nombre de bouteilles entrées : .... Date d'achat : ....

Durée de garde estimée : .... Verres conseillés : ....

Conservation

Emplacement : ....

À boire à partir de : ....

À boire avant le : ....

Apogée : ....

Dégustation

La robe :

Le nez :

Le palais :

Commentaires de dégustation :

Note : ☆ ☆ ☆ ☆ ☆ Servir à : °C

Plats à associer :

Dégusté le : Avec :

Dégusté le : Avec :

FICHE D'IDENTITÉ DU VIN

Domaine/château : ....

Appellation : ◯ AOP ◯ AOC ◯ BIO ◯ IGP

Cuvée : .... Millésime : ....

Cépage(s) : ....

Région/pays : ....

Degré d'alcool : .... Prix de la bouteille : ....

Provenance

Producteur : ....

Coordonnées : ....

....

Gestion

Nombre de bouteilles entrées : .... Date d'achat : ....

Durée de garde estimée : .... Verres conseillés : ....

Conservation

Emplacement : ....

À boire à partir de : ....

À boire avant le : ....

Apogée : ....

Dégustation

La robe : ....

....

....

Le nez : ....

....

....

Le palais : ....

....

....

Commentaires de dégustation : ....

....

....

Note : ☆ ☆ ☆ ☆ ☆ Servir à : .... °C

Plats à associer : ....

....

Dégusté le : .... Avec : ....

....

Dégusté le : .... Avec : ....

....

FICHE D'IDENTITÉ DU VIN

Domaine/château : ....

Appellation : ◯ AOP ◯ AOC ◯ BIO ◯ IGP

Cuvée : .... Millésime : ....

Cépage(s) : ....

Région/pays : ....

Degré d'alcool : .... Prix de la bouteille : ....

Provenance

Producteur : ....

Coordonnées : ....

....

Gestion

Nombre de bouteilles entrées : .... Date d'achat : ....

Durée de garde estimée : .... Verres conseillés : ....

Conservation

Emplacement : ....

À boire à partir de : ....

À boire avant le : ....

Apogée : ....

Dégustation

La robe : ....

....

....

....

Le nez : ....

....

....

....

Le palais : ....

....

....

....

Commentaires de dégustation : ....

....

....

....

Note : ☆ ☆ ☆ ☆ ☆ Servir à : ....°C

Plats à associer : ....

....

Dégusté le : .... Avec : ....

....

Dégusté le : .... Avec : ....

....

FICHE D'IDENTITÉ DU VIN

Domaine/château : ....

Appellation : ◯ AOP ◯ AOC ◯ BIO ◯ IGP

Cuvée : .... Millésime : ....

Cépage(s) : ....

Région/pays : ....

Degré d'alcool : .... Prix de la bouteille : ....

Provenance

Producteur : ....

Coordonnées : ....

....

Gestion

Nombre de bouteilles entrées : .... Date d'achat : ....

Durée de garde estimée : .... Verres conseillés : ....

Conservation

Emplacement : ....

À boire à partir de : ....

À boire avant le : ....

Apogée : ....

Dégustation

La robe : ....

....

....

....

Le nez : ....

....

....

....

Le palais : ....

....

....

....

Commentaires de dégustation : ....

....

....

....

Note : ☆ ☆ ☆ ☆ ☆ Servir à : ....°C

Plats à associer : ....

....

Dégusté le : .... Avec : ....

....

Dégusté le : .... Avec : ....

....

FICHE D'IDENTITÉ DU VIN

Domaine/château : ....

Appellation : ◯ AOP ◯ AOC ◯ BIO ◯ IGP

Cuvée : .... Millésime : ....

Cépage(s) : ....

Région/pays : ....

Degré d'alcool : .... Prix de la bouteille : ....

Provenance

Producteur : ....

Coordonnées : ....

....

Gestion

Nombre de bouteilles entrées : .... Date d'achat : ....

Durée de garde estimée : .... Verres conseillés : ....

Conservation

Emplacement : ....

À boire à partir de : ....

À boire avant le : ....

Apogée : ....

Dégustation

La robe : ....

Le nez : ....

Le palais : ....

Commentaires de dégustation : ....

Note : ☆ ☆ ☆ ☆ ☆ Servir à : .... °C

Plats à associer : ....

Dégusté le : .... Avec : ....

Dégusté le : .... Avec : ....

FICHE D'IDENTITÉ DU VIN

Domaine/château : ....

Appellation : ◯ AOP ◯ AOC ◯ BIO ◯ IGP

Cuvée : .... Millésime : ....

Cépage(s) : ....

Région/pays : ....

Degré d'alcool : .... Prix de la bouteille : ....

Provenance

Producteur : ....

Coordonnées : ....

....

Gestion

Nombre de bouteilles entrées : .... Date d'achat : ....

Durée de garde estimée : .... Verres conseillés : ....

Conservation

Emplacement : ....

À boire à partir de : ....

À boire avant le : ....

Apogée : ....

Dégustation

La robe : ....

....

....

....

Le nez : ....

....

....

....

Le palais : ....

....

....

....

Commentaires de dégustation : ....

....

....

....

Note : ☆ ☆ ☆ ☆ ☆ Servir à : ....°C

Plats à associer : ....

....

Dégusté le : .... Avec : ....

....

Dégusté le : .... Avec : ....

....

FICHE D'IDENTITÉ DU VIN

Domaine/château : ……………………………………………

Appellation : ◯ AOP ◯ AOC ◯ BIO ◯ IGP

Cuvée : …………………… Millésime : ……………………

Cépage(s) : ……………………………………………

Région/pays : ……………………………………………

Degré d'alcool : …………………… Prix de la bouteille : ……………………

Provenance

Producteur : ……………………………………………

Coordonnées : ……………………………………………

……………………………………………

Gestion

Nombre de bouteilles entrées : …………………… Date d'achat : ……………………

Durée de garde estimée : …………………… Verres conseillés : ……………………

Conservation

Emplacement : ……………………………………………

À boire à partir de : ……………………………………………

À boire avant le : ……………………………………………

Apogée : ……………………………………………

Dégustation

La robe : ....

....

....

....

Le nez : ....

....

....

....

Le palais : ....

....

....

....

Commentaires de dégustation : ....

....

....

....

Note : ☆ ☆ ☆ ☆ ☆ Servir à : .... °C

Plats à associer : ....

....

Dégusté le : .... Avec : ....

....

Dégusté le : .... Avec : ....

....

FICHE D'IDENTITÉ DU VIN

Domaine/château : ....

Appellation : ◯ AOP ◯ AOC ◯ BIO ◯ IGP

Cuvée : .... Millésime : ....

Cépage(s) : ....

Région/pays : ....

Degré d'alcool : .... Prix de la bouteille : ....

Provenance

Producteur : ....

Coordonnées : ....

....

Gestion

Nombre de bouteilles entrées : .... Date d'achat : ....

Durée de garde estimée : .... Verres conseillés : ....

Conservation

Emplacement : ....

À boire à partir de : ....

À boire avant le : ....

Apogée : ....

Dégustation

La robe : ....

....

....

....

Le nez : ....

....

....

....

Le palais : ....

....

....

....

Commentaires de dégustation : ....

....

....

....

Note : ☆ ☆ ☆ ☆ ☆ Servir à : ....°C

Plats à associer : ....

....

Dégusté le : .... Avec : ....

....

Dégusté le : .... Avec : ....

....

FICHE D'IDENTITÉ DU VIN

Domaine/château : ....

Appellation : ◯ AOP ◯ AOC ◯ BIO ◯ IGP

Cuvée : .... Millésime : ....

Cépage(s) : ....

Région/pays : ....

Degré d'alcool : .... Prix de la bouteille : ....

Provenance

Producteur : ....

Coordonnées : ....

....

Gestion

Nombre de bouteilles entrées : .... Date d'achat : ....

Durée de garde estimée : .... Verres conseillés : ....

Conservation

Emplacement : ....

À boire à partir de : ....

À boire avant le : ....

Apogée : ....

Dégustation

La robe : ....

....

....

....

Le nez : ....

....

....

....

Le palais : ....

....

....

....

Commentaires de dégustation : ....

....

....

....

Note : ☆ ☆ ☆ ☆ ☆ Servir à : ....°C

Plats à associer : ....

....

Dégusté le : .... Avec : ....

....

Dégusté le : .... Avec : ....

....

FICHE D'IDENTITÉ DU VIN

Domaine/château : ....

Appellation : ◯ AOP ◯ AOC ◯ BIO ◯ IGP

Cuvée : .... Millésime : ....

Cépage(s) : ....

Région/pays : ....

Degré d'alcool : .... Prix de la bouteille : ....

Provenance

Producteur : ....

Coordonnées : ....

....

Gestion

Nombre de bouteilles entrées : .... Date d'achat : ....

Durée de garde estimée : .... Verres conseillés : ....

Conservation

Emplacement : ....

À boire à partir de : ....

À boire avant le : ....

Apogée : ....

Dégustation

La robe : ....

....

....

....

Le nez : ....

....

....

....

Le palais : ....

....

....

....

Commentaires de dégustation : ....

....

....

....

Note : ☆ ☆ ☆ ☆ ☆ Servir à : ....°C

Plats à associer : ....

....

Dégusté le : .... Avec : ....

....

Dégusté le : .... Avec : ....

....

FICHE D'IDENTITÉ DU VIN

Domaine/château : ....

Appellation : ◯ AOP ◯ AOC ◯ BIO ◯ IGP

Cuvée : .... Millésime : ....

Cépage(s) : ....

Région/pays : ....

Degré d'alcool : .... Prix de la bouteille : ....

Provenance

Producteur : ....

Coordonnées : ....

....

Gestion

Nombre de bouteilles entrées : .... Date d'achat : ....

Durée de garde estimée : .... Verres conseillés : ....

Conservation

Emplacement : ....

À boire à partir de : ....

À boire avant le : ....

Apogée : ....

Dégustation

La robe : ....

....

....

....

Le nez : ....

....

....

....

Le palais : ....

....

....

....

Commentaires de dégustation : ....

....

....

....

Note : ☆ ☆ ☆ ☆ ☆ Servir à : ....°C

Plats à associer : ....

....

Dégusté le : .... Avec : ....

....

Dégusté le : .... Avec : ....

....

FICHE D'IDENTITÉ DU VIN

Domaine/château : ....

Appellation : ◯ AOP ◯ AOC ◯ BIO ◯ IGP

Cuvée : .... Millésime : ....

Cépage(s) : ....

Région/pays : ....

Degré d'alcool : .... Prix de la bouteille : ....

Provenance

Producteur : ....

Coordonnées : ....

....

Gestion

Nombre de bouteilles entrées : .... Date d'achat : ....

Durée de garde estimée : .... Verres conseillés : ....

Conservation

Emplacement : ....

À boire à partir de : ....

À boire avant le : ....

Apogée : ....

Dégustation

La robe :

Le nez :

Le palais :

Commentaires de dégustation :

Note : ☆ ☆ ☆ ☆ ☆ Servir à : ....°C

Plats à associer :

Dégusté le : Avec :

Dégusté le : Avec :

FICHE D'IDENTITÉ DU VIN

Domaine/château : ……………………………………

Appellation : ◯ AOP ◯ AOC ◯ BIO ◯ IGP

Cuvée : …………………… Millésime : ……………………

Cépage(s) : ……………………………………

Région/pays : ……………………………………

Degré d'alcool : …………………… Prix de la bouteille : ……………………

Provenance

Producteur : ……………………………………

Coordonnées : ……………………………………

……………………………………

Gestion

Nombre de bouteilles entrées : …………………… Date d'achat : ……………………

Durée de garde estimée : …………………… Verres conseillés : ……………………

Conservation

Emplacement : ……………………………………

À boire à partir de : ……………………………………

À boire avant le : ……………………………………

Apogée : ……………………………………

Dégustation

La robe :

Le nez :

Le palais :

Commentaires de dégustation :

Note : ☆ ☆ ☆ ☆ ☆ Servir à : ....°C

Plats à associer :

Dégusté le : .... Avec : ....

Dégusté le : .... Avec : ....

FICHE D'IDENTITÉ DU VIN

Domaine/château : ....

Appellation : ◯ AOP ◯ AOC ◯ BIO ◯ IGP

Cuvée : .... Millésime : ....

Cépage(s) : ....

Région/pays : ....

Degré d'alcool : .... Prix de la bouteille : ....

Provenance

Producteur : ....

Coordonnées : ....

....

Gestion

Nombre de bouteilles entrées : .... Date d'achat : ....

Durée de garde estimée : .... Verres conseillés : ....

Conservation

Emplacement : ....

À boire à partir de : ....

À boire avant le : ....

Apogée : ....

Dégustation

La robe :

Le nez :

Le palais :

Commentaires de dégustation :

Note : ☆ ☆ ☆ ☆ ☆ Servir à : .... °C

Plats à associer :

Dégusté le : Avec :

Dégusté le : Avec :

FICHE D'IDENTITÉ DU VIN

Domaine/château : ....

Appellation : ◯ AOP ◯ AOC ◯ BIO ◯ IGP

Cuvée : .... Millésime : ....

Cépage(s) : ....

Région/pays : ....

Degré d'alcool : .... Prix de la bouteille : ....

Provenance

Producteur : ....

Coordonnées : ....

....

Gestion

Nombre de bouteilles entrées : .... Date d'achat : ....

Durée de garde estimée : .... Verres conseillés : ....

Conservation

Emplacement : ....

À boire à partir de : ....

À boire avant le : ....

Apogée : ....

Dégustation

La robe :

Le nez :

Le palais :

Commentaires de dégustation :

Note : ☆ ☆ ☆ ☆ ☆ Servir à : .... °C

Plats à associer :

Dégusté le : Avec :

Dégusté le : Avec :

FICHE D'IDENTITÉ DU VIN

Domaine/château : ....

Appellation : ◯ AOP ◯ AOC ◯ BIO ◯ IGP

Cuvée : .... Millésime : ....

Cépage(s) : ....

Région/pays : ....

Degré d'alcool : .... Prix de la bouteille : ....

Provenance

Producteur : ....

Coordonnées : ....

....

Gestion

Nombre de bouteilles entrées : .... Date d'achat : ....

Durée de garde estimée : .... Verres conseillés : ....

Conservation

Emplacement : ....

À boire à partir de : ....

À boire avant le : ....

Apogée : ....

Dégustation

La robe : ....

....

....

....

Le nez : ....

....

....

....

Le palais : ....

....

....

....

Commentaires de dégustation : ....

....

....

....

Note : ☆ ☆ ☆ ☆ ☆ Servir à : ....°C

Plats à associer : ....

....

Dégusté le : .... Avec : ....

....

Dégusté le : .... Avec : ....

....

VINS *blancs*

FICHE D'IDENTITÉ DU VIN

Domaine/château : ....

Appellation : ◯ AOP ◯ AOC ◯ BIO ◯ IGP

Cuvée : .... Millésime : ....

Cépage(s) : ....

Région/pays : ....

Degré d'alcool : .... Prix de la bouteille : ....

Provenance

Producteur : ....

Coordonnées : ....

....

Gestion

Nombre de bouteilles entrées : .... Date d'achat : ....

Durée de garde estimée : .... Verres conseillés : ....

Conservation

Emplacement : ....

À boire à partir de : ....

À boire avant le : ....

Apogée : ....

Dégustation

La robe :

Le nez :

Le palais :

Commentaires de dégustation :

Note : ☆ ☆ ☆ ☆ ☆ Servir à : °C

Plats à associer :

Dégusté le : Avec :

Dégusté le : Avec :

FICHE D'IDENTITÉ DU VIN

Domaine/château : ....

Appellation : ◯ AOP ◯ AOC ◯ BIO ◯ IGP

Cuvée : .... Millésime : ....

Cépage(s) : ....

Région/pays : ....

Degré d'alcool : .... Prix de la bouteille : ....

Provenance

Producteur : ....

Coordonnées : ....

....

Gestion

Nombre de bouteilles entrées : .... Date d'achat : ....

Durée de garde estimée : .... Verres conseillés : ....

Conservation

Emplacement : ....

À boire à partir de : ....

À boire avant le : ....

Apogée : ....

Dégustation

La robe : ....

....

....

....

Le nez : ....

....

....

....

Le palais : ....

....

....

....

Commentaires de dégustation : ....

....

....

....

Note : ☆ ☆ ☆ ☆ ☆ Servir à : .... °C

Plats à associer : ....

....

Dégusté le : .... Avec : ....

....

Dégusté le : .... Avec : ....

....

FICHE D'IDENTITÉ DU VIN

Domaine/château : ....

Appellation : ◯ AOP ◯ AOC ◯ BIO ◯ IGP

Cuvée : .... Millésime : ....

Cépage(s) : ....

Région/pays : ....

Degré d'alcool : .... Prix de la bouteille : ....

Provenance

Producteur : ....

Coordonnées : ....

....

Gestion

Nombre de bouteilles entrées : .... Date d'achat : ....

Durée de garde estimée : .... Verres conseillés : ....

Conservation

Emplacement : ....

À boire à partir de : ....

À boire avant le : ....

Apogée : ....

Dégustation

La robe :

Le nez :

Le palais :

Commentaires de dégustation :

Note : ☆ ☆ ☆ ☆ ☆ Servir à : ....°C

Plats à associer :

Dégusté le : .... Avec :

Dégusté le : .... Avec :

FICHE D'IDENTITÉ DU VIN

Domaine/château : ....

Appellation : ◯ AOP ◯ AOC ◯ BIO ◯ IGP

Cuvée : .... Millésime : ....

Cépage(s) : ....

Région/pays : ....

Degré d'alcool : .... Prix de la bouteille : ....

Provenance

Producteur : ....

Coordonnées : ....

....

Gestion

Nombre de bouteilles entrées : .... Date d'achat : ....

Durée de garde estimée : .... Verres conseillés : ....

Conservation

Emplacement : ....

À boire à partir de : ....

À boire avant le : ....

Apogée : ....

Dégustation

La robe :

Le nez :

Le palais :

Commentaires de dégustation :

Note : ☆ ☆ ☆ ☆ ☆ Servir à : °C

Plats à associer :

Dégusté le : Avec :

Dégusté le : Avec :

FICHE D'IDENTITÉ DU VIN

Domaine/château : ....

Appellation : ◯ AOP ◯ AOC ◯ BIO ◯ IGP

Cuvée : .... Millésime : ....

Cépage(s) : ....

Région/pays : ....

Degré d'alcool : .... Prix de la bouteille : ....

Provenance

Producteur : ....

Coordonnées : ....

....

Gestion

Nombre de bouteilles entrées : .... Date d'achat : ....

Durée de garde estimée : .... Verres conseillés : ....

Conservation

Emplacement : ....

À boire à partir de : ....

À boire avant le : ....

Apogée : ....

Dégustation

La robe : ……………………………………………………………………

……………………………………………………………………………

……………………………………………………………………………

……………………………………………………………………………

Le nez : ……………………………………………………………………

……………………………………………………………………………

……………………………………………………………………………

……………………………………………………………………………

Le palais : ……………………………………………………………………

……………………………………………………………………………

……………………………………………………………………………

……………………………………………………………………………

Commentaires de dégustation : ……………………………………………

……………………………………………………………………………

……………………………………………………………………………

……………………………………………………………………………

Note : ☆ ☆ ☆ ☆ ☆ Servir à : …………°C

Plats à associer : ……………………………………………………………

……………………………………………………………………………

Dégusté le : …………………… Avec : ……………………………………

……………………………………………………………………………

Dégusté le : …………………… Avec : ……………………………………

……………………………………………………………………………

FICHE D'IDENTITÉ DU VIN

Domaine/château : ....

Appellation : ◯ AOP ◯ AOC ◯ BIO ◯ IGP

Cuvée : .... Millésime : ....

Cépage(s) : ....

Région/pays : ....

Degré d'alcool : .... Prix de la bouteille : ....

Provenance

Producteur : ....

Coordonnées : ....

....

Gestion

Nombre de bouteilles entrées : .... Date d'achat : ....

Durée de garde estimée : .... Verres conseillés : ....

Conservation

Emplacement : ....

À boire à partir de : ....

À boire avant le : ....

Apogée : ....

Dégustation

La robe : ....

....

....

....

Le nez : ....

....

....

....

Le palais : ....

....

....

....

Commentaires de dégustation : ....

....

....

....

Note : ☆ ☆ ☆ ☆ ☆ Servir à : .... °C

Plats à associer : ....

....

Dégusté le : .... Avec : ....

....

Dégusté le : .... Avec : ....

....

FICHE D'IDENTITÉ DU VIN

Domaine/château : ....

Appellation : ◯ AOP ◯ AOC ◯ BIO ◯ IGP

Cuvée : .... Millésime : ....

Cépage(s) : ....

Région/pays : ....

Degré d'alcool : .... Prix de la bouteille : ....

Provenance

Producteur : ....

Coordonnées : ....

....

Gestion

Nombre de bouteilles entrées : .... Date d'achat : ....

Durée de garde estimée : .... Verres conseillés : ....

Conservation

Emplacement : ....

À boire à partir de : ....

À boire avant le : ....

Apogée : ....

Dégustation

La robe : ……………………………………………

……………………………………………

……………………………………………

……………………………………………

Le nez : ……………………………………………

……………………………………………

……………………………………………

……………………………………………

Le palais : ……………………………………………

……………………………………………

……………………………………………

……………………………………………

Commentaires de dégustation : ……………………………………………

……………………………………………

……………………………………………

……………………………………………

Note : ☆ ☆ ☆ ☆ ☆ Servir à : ……………°C

Plats à associer : ……………………………………………

……………………………………………

Dégusté le : …………………… Avec : ……………………

……………………………………………

Dégusté le : …………………… Avec : ……………………

……………………………………………

FICHE D'IDENTITÉ DU VIN

Domaine/château : ....

Appellation : ◯ AOP ◯ AOC ◯ BIO ◯ IGP

Cuvée : .... Millésime : ....

Cépage(s) : ....

Région/pays : ....

Degré d'alcool : .... Prix de la bouteille : ....

Provenance

Producteur : ....

Coordonnées : ....

....

Gestion

Nombre de bouteilles entrées : .... Date d'achat : ....

Durée de garde estimée : .... Verres conseillés : ....

Conservation

Emplacement : ....

À boire à partir de : ....

À boire avant le : ....

Apogée : ....

Dégustation

La robe : ....

....

....

....

Le nez : ....

....

....

....

Le palais : ....

....

....

....

Commentaires de dégustation : ....

....

....

....

Note : ☆ ☆ ☆ ☆ ☆ Servir à : ....°C

Plats à associer : ....

....

Dégusté le : .... Avec : ....

....

Dégusté le : .... Avec : ....

....

FICHE D'IDENTITÉ DU VIN

Domaine/château : ....

Appellation : ◯ AOP ◯ AOC ◯ BIO ◯ IGP

Cuvée : .... Millésime : ....

Cépage(s) : ....

Région/pays : ....

Degré d'alcool : .... Prix de la bouteille : ....

Provenance

Producteur : ....

Coordonnées : ....

....

Gestion

Nombre de bouteilles entrées : .... Date d'achat : ....

Durée de garde estimée : .... Verres conseillés : ....

Conservation

Emplacement : ....

À boire à partir de : ....

À boire avant le : ....

Apogée : ....

Dégustation

La robe : ....

....

....

....

Le nez : ....

....

....

....

Le palais : ....

....

....

....

Commentaires de dégustation : ....

....

....

....

Note : ☆ ☆ ☆ ☆ ☆ Servir à : .... °C

Plats à associer : ....

....

Dégusté le : .... Avec : ....

....

Dégusté le : .... Avec : ....

....

FICHE D'IDENTITÉ DU VIN

Domaine/château : ....

Appellation : ◯ AOP ◯ AOC ◯ BIO ◯ IGP

Cuvée : .... Millésime : ....

Cépage(s) : ....

Région/pays : ....

Degré d'alcool : .... Prix de la bouteille : ....

Provenance

Producteur : ....

Coordonnées : ....

....

Gestion

Nombre de bouteilles entrées : .... Date d'achat : ....

Durée de garde estimée : .... Verres conseillés : ....

Conservation

Emplacement : ....

À boire à partir de : ....

À boire avant le : ....

Apogée : ....

Dégustation

La robe : ……………………………………

……………………………………

……………………………………

……………………………………

Le nez : ……………………………………

……………………………………

……………………………………

……………………………………

Le palais : ……………………………………

……………………………………

……………………………………

……………………………………

Commentaires de dégustation : ……………………………………

……………………………………

……………………………………

……………………………………

Note : ☆ ☆ ☆ ☆ ☆ Servir à : ………… °C

Plats à associer : ……………………………………

……………………………………

Dégusté le : ………………… Avec : …………………

……………………………………

Dégusté le : ………………… Avec : …………………

……………………………………

FICHE D'IDENTITÉ DU VIN

Domaine/château : ....

Appellation : ◯ AOP ◯ AOC ◯ BIO ◯ IGP

Cuvée : .... Millésime : ....

Cépage(s) : ....

Région/pays : ....

Degré d'alcool : .... Prix de la bouteille : ....

Provenance

Producteur : ....

Coordonnées : ....

....

Gestion

Nombre de bouteilles entrées : .... Date d'achat : ....

Durée de garde estimée : .... Verres conseillés : ....

Conservation

Emplacement : ....

À boire à partir de : ....

À boire avant le : ....

Apogée : ....

Dégustation

La robe : ....

....

....

....

Le nez : ....

....

....

....

Le palais : ....

....

....

....

Commentaires de dégustation : ....

....

....

....

Note : ☆ ☆ ☆ ☆ ☆ Servir à : ....°C

Plats à associer : ....

....

Dégusté le : .... Avec : ....

....

Dégusté le : .... Avec : ....

....

FICHE D'IDENTITÉ DU VIN

Domaine/château : ....

Appellation : ◯ AOP ◯ AOC ◯ BIO ◯ IGP

Cuvée : .... Millésime : ....

Cépage(s) : ....

Région/pays : ....

Degré d'alcool : .... Prix de la bouteille : ....

Provenance

Producteur : ....

Coordonnées : ....

....

Gestion

Nombre de bouteilles entrées : .... Date d'achat : ....

Durée de garde estimée : .... Verres conseillés : ....

Conservation

Emplacement : ....

À boire à partir de : ....

À boire avant le : ....

Apogée : ....

Dégustation

La robe :

Le nez :

Le palais :

Commentaires de dégustation :

Note : ☆ ☆ ☆ ☆ ☆ Servir à : °C

Plats à associer :

Dégusté le : Avec :

Dégusté le : Avec :

FICHE D'IDENTITÉ DU VIN

Domaine/château : ....

Appellation : ◯ AOP ◯ AOC ◯ BIO ◯ IGP

Cuvée : .... Millésime : ....

Cépage(s) : ....

Région/pays : ....

Degré d'alcool : .... Prix de la bouteille : ....

Provenance

Producteur : ....

Coordonnées : ....

....

Gestion

Nombre de bouteilles entrées : .... Date d'achat : ....

Durée de garde estimée : .... Verres conseillés : ....

Conservation

Emplacement : ....

À boire à partir de : ....

À boire avant le : ....

Apogée : ....

Dégustation

La robe :

Le nez :

Le palais :

Commentaires de dégustation :

Note : ☆ ☆ ☆ ☆ ☆ Servir à : °C

Plats à associer :

Dégusté le : Avec :

Dégusté le : Avec :

FICHE D'IDENTITÉ DU VIN

Domaine/château : ....

Appellation : ◯ AOP ◯ AOC ◯ BIO ◯ IGP

Cuvée : .... Millésime : ....

Cépage(s) : ....

Région/pays : ....

Degré d'alcool : .... Prix de la bouteille : ....

Provenance

Producteur : ....

Coordonnées : ....

....

Gestion

Nombre de bouteilles entrées : .... Date d'achat : ....

Durée de garde estimée : .... Verres conseillés : ....

Conservation

Emplacement : ....

À boire à partir de : ....

À boire avant le : ....

Apogée : ....

Dégustation

La robe : ....

....

....

....

Le nez : ....

....

....

....

Le palais : ....

....

....

....

Commentaires de dégustation : ....

....

....

....

Note : ☆ ☆ ☆ ☆ ☆ Servir à : ....°C

Plats à associer : ....

....

Dégusté le : .... Avec : ....

....

Dégusté le : .... Avec : ....

....

FICHE D'IDENTITÉ DU VIN

Domaine/château : ....

Appellation : ◯ AOP ◯ AOC ◯ BIO ◯ IGP

Cuvée : .... Millésime : ....

Cépage(s) : ....

Région/pays : ....

Degré d'alcool : .... Prix de la bouteille : ....

Provenance

Producteur : ....

Coordonnées : ....

....

Gestion

Nombre de bouteilles entrées : .... Date d'achat : ....

Durée de garde estimée : .... Verres conseillés : ....

Conservation

Emplacement : ....

À boire à partir de : ....

À boire avant le : ....

Apogée : ....

Dégustation

La robe :

Le nez :

Le palais :

Commentaires de dégustation :

Note : ☆ ☆ ☆ ☆ ☆ Servir à : °C

Plats à associer :

Dégusté le : Avec :

Dégusté le : Avec :

FICHE D'IDENTITÉ DU VIN

Domaine/château : ....

Appellation : ◯ AOP ◯ AOC ◯ BIO ◯ IGP

Cuvée : .... Millésime : ....

Cépage(s) : ....

Région/pays : ....

Degré d'alcool : .... Prix de la bouteille : ....

Provenance

Producteur : ....

Coordonnées : ....

....

Gestion

Nombre de bouteilles entrées : .... Date d'achat : ....

Durée de garde estimée : .... Verres conseillés : ....

Conservation

Emplacement : ....

À boire à partir de : ....

À boire avant le : ....

Apogée : ....

Dégustation

La robe : ....

....

....

....

Le nez : ....

....

....

....

Le palais : ....

....

....

....

Commentaires de dégustation : ....

....

....

....

Note : ☆ ☆ ☆ ☆ ☆ Servir à : ....°C

Plats à associer : ....

....

Dégusté le : .... Avec : ....

....

Dégusté le : .... Avec : ....

....

FICHE D'IDENTITÉ DU VIN

Domaine/château : ....

Appellation : ◯ AOP ◯ AOC ◯ BIO ◯ IGP

Cuvée : .... Millésime : ....

Cépage(s) : ....

Région/pays : ....

Degré d'alcool : .... Prix de la bouteille : ....

Provenance

Producteur : ....

Coordonnées : ....

....

Gestion

Nombre de bouteilles entrées : .... Date d'achat : ....

Durée de garde estimée : .... Verres conseillés : ....

Conservation

Emplacement : ....

À boire à partir de : ....

À boire avant le : ....

Apogée : ....

Dégustation

La robe :

Le nez :

Le palais :

Commentaires de dégustation :

Note : ☆ ☆ ☆ ☆ ☆ Servir à : .... °C

Plats à associer :

Dégusté le : Avec :

Dégusté le : Avec :

FICHE D'IDENTITÉ DU VIN

Domaine/château : ....

Appellation : ◯ AOP ◯ AOC ◯ BIO ◯ IGP

Cuvée : .... Millésime : ....

Cépage(s) : ....

Région/pays : ....

Degré d'alcool : .... Prix de la bouteille : ....

Provenance

Producteur : ....

Coordonnées : ....

....

Gestion

Nombre de bouteilles entrées : .... Date d'achat : ....

Durée de garde estimée : .... Verres conseillés : ....

Conservation

Emplacement : ....

À boire à partir de : ....

À boire avant le : ....

Apogée : ....

Dégustation

La robe : ……………………………………………………………………………………

……………………………………………………………………………………

……………………………………………………………………………………

……………………………………………………………………………………

Le nez : ……………………………………………………………………………………

……………………………………………………………………………………

……………………………………………………………………………………

……………………………………………………………………………………

Le palais : ……………………………………………………………………………………

……………………………………………………………………………………

……………………………………………………………………………………

……………………………………………………………………………………

Commentaires de dégustation : ……………………………………………………

……………………………………………………………………………………

……………………………………………………………………………………

……………………………………………………………………………………

Note : ☆ ☆ ☆ ☆ ☆ Servir à : …………… °C

Plats à associer : ……………………………………………………………………

……………………………………………………………………………………

Dégusté le : …………………………… Avec : ……………………………………

……………………………………………………………………………………

Dégusté le : …………………………… Avec : ……………………………………

……………………………………………………………………………………

FICHE D'IDENTITÉ DU VIN

Domaine/château : ....

Appellation : ◯ AOP ◯ AOC ◯ BIO ◯ IGP

Cuvée : .... Millésime : ....

Cépage(s) : ....

Région/pays : ....

Degré d'alcool : .... Prix de la bouteille : ....

Provenance

Producteur : ....

Coordonnées : ....

....

Gestion

Nombre de bouteilles entrées : .... Date d'achat : ....

Durée de garde estimée : .... Verres conseillés : ....

Conservation

Emplacement : ....

À boire à partir de : ....

À boire avant le : ....

Apogée : ....

Dégustation

La robe : ....

....

....

....

Le nez : ....

....

....

....

Le palais : ....

....

....

....

Commentaires de dégustation : ....

....

....

....

Note : ☆ ☆ ☆ ☆ ☆ Servir à : .... °C

Plats à associer : ....

....

Dégusté le : .... Avec : ....

....

Dégusté le : .... Avec : ....

....

FICHE D'IDENTITÉ DU VIN

Domaine/château : ....

Appellation : ◯ AOP ◯ AOC ◯ BIO ◯ IGP

Cuvée : .... Millésime : ....

Cépage(s) : ....

Région/pays : ....

Degré d'alcool : .... Prix de la bouteille : ....

Provenance

Producteur : ....

Coordonnées : ....

....

Gestion

Nombre de bouteilles entrées : .... Date d'achat : ....

Durée de garde estimée : .... Verres conseillés : ....

Conservation

Emplacement : ....

À boire à partir de : ....

À boire avant le : ....

Apogée : ....

Dégustation

La robe :

Le nez :

Le palais :

Commentaires de dégustation :

Note : ☆ ☆ ☆ ☆ ☆ Servir à : °C

Plats à associer :

Dégusté le : Avec :

Dégusté le : Avec :

FICHE D'IDENTITÉ DU VIN

Domaine/château : ....

Appellation : ◯ AOP ◯ AOC ◯ BIO ◯ IGP

Cuvée : .... Millésime : ....

Cépage(s) : ....

Région/pays : ....

Degré d'alcool : .... Prix de la bouteille : ....

Provenance

Producteur : ....

Coordonnées : ....

....

Gestion

Nombre de bouteilles entrées : .... Date d'achat : ....

Durée de garde estimée : .... Verres conseillés : ....

Conservation

Emplacement : ....

À boire à partir de : ....

À boire avant le : ....

Apogée : ....

Dégustation

La robe : ....

....

....

....

Le nez : ....

....

....

....

Le palais : ....

....

....

....

Commentaires de dégustation : ....

....

....

....

Note : ☆ ☆ ☆ ☆ ☆ Servir à : .... °C

Plats à associer : ....

....

Dégusté le : .... Avec : ....

....

Dégusté le : .... Avec : ....

....

VINS rosés

FICHE D'IDENTITÉ DU VIN

Domaine/château : ....

Appellation : ○ AOP ○ AOC ○ BIO ○ IGP

Cuvée : .... Millésime : ....

Cépage(s) : ....

Région/pays : ....

Degré d'alcool : .... Prix de la bouteille : ....

Provenance

Producteur : ....

Coordonnées : ....

....

Gestion

Nombre de bouteilles entrées : .... Date d'achat : ....

Durée de garde estimée : .... Verres conseillés : ....

Conservation

Emplacement : ....

À boire à partir de : ....

À boire avant le : ....

Apogée : ....

Dégustation

La robe :

Le nez :

Le palais :

Commentaires de dégustation :

Note : ☆ ☆ ☆ ☆ ☆ Servir à : °C

Plats à associer :

Dégusté le : Avec :

Dégusté le : Avec :

FICHE D'IDENTITÉ DU VIN

Domaine/château : ....

Appellation : ◯ AOP ◯ AOC ◯ BIO ◯ IGP

Cuvée : .... Millésime : ....

Cépage(s) : ....

Région/pays : ....

Degré d'alcool : .... Prix de la bouteille : ....

Provenance

Producteur : ....

Coordonnées : ....

....

Gestion

Nombre de bouteilles entrées : .... Date d'achat : ....

Durée de garde estimée : .... Verres conseillés : ....

Conservation

Emplacement : ....

À boire à partir de : ....

À boire avant le : ....

Apogée : ....

Dégustation

La robe : ……………………………………………………………………………………

……………………………………………………………………………………

……………………………………………………………………………………

……………………………………………………………………………………

Le nez : ……………………………………………………………………………………

……………………………………………………………………………………

……………………………………………………………………………………

……………………………………………………………………………………

Le palais : ……………………………………………………………………………………

……………………………………………………………………………………

……………………………………………………………………………………

……………………………………………………………………………………

Commentaires de dégustation : ……………………………………………………

……………………………………………………………………………………

……………………………………………………………………………………

……………………………………………………………………………………

Note : ☆ ☆ ☆ ☆ ☆ Servir à : …………………°C

Plats à associer : ……………………………………………………………………

……………………………………………………………………………………

Dégusté le : ………………………… Avec : …………………………………

……………………………………………………………………………………

Dégusté le : ………………………… Avec : …………………………………

……………………………………………………………………………………

FICHE D'IDENTITÉ DU VIN

Domaine/château : ....

Appellation : ◯ AOP ◯ AOC ◯ BIO ◯ IGP

Cuvée : .... Millésime : ....

Cépage(s) : ....

Région/pays : ....

Degré d'alcool : .... Prix de la bouteille : ....

Provenance

Producteur : ....

Coordonnées : ....

....

Gestion

Nombre de bouteilles entrées : .... Date d'achat : ....

Durée de garde estimée : .... Verres conseillés : ....

Conservation

Emplacement : ....

À boire à partir de : ....

À boire avant le : ....

Apogée : ....

Dégustation

La robe : ....

....

....

....

Le nez : ....

....

....

....

Le palais : ....

....

....

....

Commentaires de dégustation : ....

....

....

....

Note : ☆ ☆ ☆ ☆ ☆ Servir à : .... °C

Plats à associer : ....

....

Dégusté le : .... Avec : ....

....

Dégusté le : .... Avec : ....

....

FICHE D'IDENTITÉ DU VIN

Domaine/château : ....

Appellation : ◯ AOP ◯ AOC ◯ BIO ◯ IGP

Cuvée : .... Millésime : ....

Cépage(s) : ....

Région/pays : ....

Degré d'alcool : .... Prix de la bouteille : ....

Provenance

Producteur : ....

Coordonnées : ....

....

Gestion

Nombre de bouteilles entrées : .... Date d'achat : ....

Durée de garde estimée : .... Verres conseillés : ....

Conservation

Emplacement : ....

À boire à partir de : ....

À boire avant le : ....

Apogée : ....

Dégustation

La robe :

Le nez :

Le palais :

Commentaires de dégustation :

Note : ☆ ☆ ☆ ☆ ☆ Servir à : °C

Plats à associer :

Dégusté le : Avec :

Dégusté le : Avec :

FICHE D'IDENTITÉ DU VIN

Domaine/château : ....

Appellation : ◯ AOP ◯ AOC ◯ BIO ◯ IGP

Cuvée : .... Millésime : ....

Cépage(s) : ....

Région/pays : ....

Degré d'alcool : .... Prix de la bouteille : ....

Provenance

Producteur : ....

Coordonnées : ....

....

Gestion

Nombre de bouteilles entrées : .... Date d'achat : ....

Durée de garde estimée : .... Verres conseillés : ....

Conservation

Emplacement : ....

À boire à partir de : ....

À boire avant le : ....

Apogée : ....

Dégustation

La robe :

Le nez :

Le palais :

Commentaires de dégustation :

Note : ☆ ☆ ☆ ☆ ☆ Servir à : °C

Plats à associer :

Dégusté le : Avec :

Dégusté le : Avec :

FICHE D'IDENTITÉ DU VIN

Domaine/château : ....

Appellation : ◯ AOP ◯ AOC ◯ BIO ◯ IGP

Cuvée : .... Millésime : ....

Cépage(s) : ....

Région/pays : ....

Degré d'alcool : .... Prix de la bouteille : ....

Provenance

Producteur : ....

Coordonnées : ....

....

Gestion

Nombre de bouteilles entrées : .... Date d'achat : ....

Durée de garde estimée : .... Verres conseillés : ....

Conservation

Emplacement : ....

À boire à partir de : ....

À boire avant le : ....

Apogée : ....

Dégustation

La robe :

Le nez :

Le palais :

Commentaires de dégustation :

Note : ☆ ☆ ☆ ☆ ☆ Servir à : °C

Plats à associer :

Dégusté le : Avec :

Dégusté le : Avec :

FICHE D'IDENTITÉ DU VIN

Domaine/château : ....

Appellation : ◯ AOP ◯ AOC ◯ BIO ◯ IGP

Cuvée : .... Millésime : ....

Cépage(s) : ....

Région/pays : ....

Degré d'alcool : .... Prix de la bouteille : ....

Provenance

Producteur : ....

Coordonnées : ....

....

Gestion

Nombre de bouteilles entrées : .... Date d'achat : ....

Durée de garde estimée : .... Verres conseillés : ....

Conservation

Emplacement : ....

À boire à partir de : ....

À boire avant le : ....

Apogée : ....

Dégustation

La robe :

Le nez :

Le palais :

Commentaires de dégustation :

Note : ☆ ☆ ☆ ☆ ☆ Servir à : °C

Plats à associer :

Dégusté le : Avec :

Dégusté le : Avec :

FICHE D'IDENTITÉ DU VIN

Domaine/château : ....

Appellation : ◯ AOP ◯ AOC ◯ BIO ◯ IGP

Cuvée : .... Millésime : ....

Cépage(s) : ....

Région/pays : ....

Degré d'alcool : .... Prix de la bouteille : ....

Provenance

Producteur : ....

Coordonnées : ....

....

Gestion

Nombre de bouteilles entrées : .... Date d'achat : ....

Durée de garde estimée : .... Verres conseillés : ....

Conservation

Emplacement : ....

À boire à partir de : ....

À boire avant le : ....

Apogée : ....

Dégustation

La robe : ....

....

....

....

Le nez : ....

....

....

....

Le palais : ....

....

....

....

Commentaires de dégustation : ....

....

....

....

Note : ☆ ☆ ☆ ☆ ☆ Servir à : ....°C

Plats à associer : ....

....

Dégusté le : .... Avec : ....

....

Dégusté le : .... Avec : ....

....

FICHE D'IDENTITÉ DU VIN

Domaine/château : ....

Appellation : ◯ AOP ◯ AOC ◯ BIO ◯ IGP

Cuvée : .... Millésime : ....

Cépage(s) : ....

Région/pays : ....

Degré d'alcool : .... Prix de la bouteille : ....

Provenance

Producteur : ....

Coordonnées : ....

....

Gestion

Nombre de bouteilles entrées : .... Date d'achat : ....

Durée de garde estimée : .... Verres conseillés : ....

Conservation

Emplacement : ....

À boire à partir de : ....

À boire avant le : ....

Apogée : ....

Dégustation

La robe : ....

....

....

....

Le nez : ....

....

....

....

Le palais : ....

....

....

....

Commentaires de dégustation : ....

....

....

....

Note : ☆ ☆ ☆ ☆ ☆ Servir à : ....°C

Plats à associer : ....

....

Dégusté le : .... Avec : ....

....

Dégusté le : .... Avec : ....

....

FICHE D'IDENTITÉ DU VIN

Domaine/château : ....

Appellation : ◯ AOP ◯ AOC ◯ BIO ◯ IGP

Cuvée : .... Millésime : ....

Cépage(s) : ....

Région/pays : ....

Degré d'alcool : .... Prix de la bouteille : ....

Provenance

Producteur : ....

Coordonnées : ....

....

Gestion

Nombre de bouteilles entrées : .... Date d'achat : ....

Durée de garde estimée : .... Verres conseillés : ....

Conservation

Emplacement : ....

À boire à partir de : ....

À boire avant le : ....

Apogée : ....

Dégustation

La robe : ....

....

....

....

Le nez : ....

....

....

....

Le palais : ....

....

....

....

Commentaires de dégustation : ....

....

....

....

Note : ☆ ☆ ☆ ☆ ☆ Servir à : ....°C

Plats à associer : ....

....

Dégusté le : .... Avec : ....

....

Dégusté le : .... Avec : ....

....

FICHE D'IDENTITÉ DU VIN

Domaine/château : ....

Appellation : ◯ AOP ◯ AOC ◯ BIO ◯ IGP

Cuvée : .... Millésime : ....

Cépage(s) : ....

Région/pays : ....

Degré d'alcool : .... Prix de la bouteille : ....

Provenance

Producteur : ....

Coordonnées : ....

....

Gestion

Nombre de bouteilles entrées : .... Date d'achat : ....

Durée de garde estimée : .... Verres conseillés : ....

Conservation

Emplacement : ....

À boire à partir de : ....

À boire avant le : ....

Apogée : ....

Dégustation

La robe :

Le nez :

Le palais :

Commentaires de dégustation :

Note : ☆ ☆ ☆ ☆ ☆ Servir à : ....°C

Plats à associer :

Dégusté le : Avec :

Dégusté le : Avec :

FICHE D'IDENTITÉ DU VIN

Domaine/château : ....

Appellation : ◯ AOP ◯ AOC ◯ BIO ◯ IGP

Cuvée : .... Millésime : ....

Cépage(s) : ....

Région/pays : ....

Degré d'alcool : .... Prix de la bouteille : ....

Provenance

Producteur : ....

Coordonnées : ....

....

Gestion

Nombre de bouteilles entrées : .... Date d'achat : ....

Durée de garde estimée : .... Verres conseillés : ....

Conservation

Emplacement : ....

À boire à partir de : ....

À boire avant le : ....

Apogée : ....

Dégustation

La robe : ....

....

....

....

Le nez : ....

....

....

....

Le palais : ....

....

....

....

Commentaires de dégustation : ....

....

....

....

Note : ☆ ☆ ☆ ☆ ☆ Servir à : ....°C

Plats à associer : ....

....

Dégusté le : .... Avec : ....

....

Dégusté le : .... Avec : ....

....

FICHE D'IDENTITÉ DU VIN

Domaine/château : ....

Appellation : ◯ AOP ◯ AOC ◯ BIO ◯ IGP

Cuvée : .... Millésime : ....

Cépage(s) : ....

Région/pays : ....

Degré d'alcool : .... Prix de la bouteille : ....

Provenance

Producteur : ....

Coordonnées : ....

....

Gestion

Nombre de bouteilles entrées : .... Date d'achat : ....

Durée de garde estimée : .... Verres conseillés : ....

Conservation

Emplacement : ....

À boire à partir de : ....

À boire avant le : ....

Apogée : ....

Dégustation

La robe : ....

....

....

....

Le nez : ....

....

....

....

Le palais : ....

....

....

....

Commentaires de dégustation : ....

....

....

....

Note : ☆ ☆ ☆ ☆ ☆ Servir à : .... °C

Plats à associer : ....

....

Dégusté le : .... Avec : ....

....

Dégusté le : .... Avec : ....

....

FICHE D'IDENTITÉ DU VIN

Domaine/château : ....

Appellation : ◯ AOP ◯ AOC ◯ BIO ◯ IGP

Cuvée : .... Millésime : ....

Cépage(s) : ....

Région/pays : ....

Degré d'alcool : .... Prix de la bouteille : ....

Provenance

Producteur : ....

Coordonnées : ....

....

Gestion

Nombre de bouteilles entrées : .... Date d'achat : ....

Durée de garde estimée : .... Verres conseillés : ....

Conservation

Emplacement : ....

À boire à partir de : ....

À boire avant le : ....

Apogée : ....

Dégustation

La robe :

Le nez :

Le palais :

Commentaires de dégustation :

Note : ☆ ☆ ☆ ☆ ☆ Servir à : .... °C

Plats à associer :

Dégusté le : .... Avec :

Dégusté le : .... Avec :

FICHE D'IDENTITÉ DU VIN

Domaine/château : ....

Appellation : ◯ AOP ◯ AOC ◯ BIO ◯ IGP

Cuvée : .... Millésime : ....

Cépage(s) : ....

Région/pays : ....

Degré d'alcool : .... Prix de la bouteille : ....

Provenance

Producteur : ....

Coordonnées : ....

....

Gestion

Nombre de bouteilles entrées : .... Date d'achat : ....

Durée de garde estimée : .... Verres conseillés : ....

Conservation

Emplacement : ....

À boire à partir de : ....

À boire avant le : ....

Apogée : ....

Dégustation

La robe : ....

....

....

....

Le nez : ....

....

....

....

Le palais : ....

....

....

....

Commentaires de dégustation : ....

....

....

....

Note : ☆ ☆ ☆ ☆ ☆ Servir à : ....°C

Plats à associer : ....

....

Dégusté le : .... Avec : ....

....

Dégusté le : .... Avec : ....

....

FICHE D'IDENTITÉ DU VIN

Domaine/château : ....

Appellation : ◯ AOP ◯ AOC ◯ BIO ◯ IGP

Cuvée : .... Millésime : ....

Cépage(s) : ....

Région/pays : ....

Degré d'alcool : .... Prix de la bouteille : ....

Provenance

Producteur : ....

Coordonnées : ....

....

Gestion

Nombre de bouteilles entrées : .... Date d'achat : ....

Durée de garde estimée : .... Verres conseillés : ....

Conservation

Emplacement : ....

À boire à partir de : ....

À boire avant le : ....

Apogée : ....

Dégustation

La robe :

Le nez :

Le palais :

Commentaires de dégustation :

Note : ☆ ☆ ☆ ☆ ☆ Servir à : °C

Plats à associer :

Dégusté le : Avec :

Dégusté le : Avec :

Champagnes
& VINS PÉTILLANTS

FICHE D'IDENTITÉ DU VIN

Domaine/château : ....

Appellation : ◯ AOP ◯ AOC ◯ BIO ◯ IGP

Cuvée : .... Millésime : ....

Cépage(s) : ....

Région/pays : ....

Degré d'alcool : .... Prix de la bouteille : ....

Provenance

Producteur : ....

Coordonnées : ....

....

Gestion

Nombre de bouteilles entrées : .... Date d'achat : ....

Durée de garde estimée : .... Verres conseillés : ....

Conservation

Emplacement : ....

À boire à partir de : ....

À boire avant le : ....

Apogée : ....

Dégustation

La robe : ....

....

....

....

Le nez : ....

....

....

....

Le palais : ....

....

....

....

Commentaires de dégustation : ....

....

....

....

Note : ☆ ☆ ☆ ☆ ☆ Servir à : .... °C

Plats à associer : ....

....

Dégusté le : .... Avec : ....

....

Dégusté le : .... Avec : ....

....

FICHE D'IDENTITÉ DU VIN

Domaine/château : ....

Appellation : ◯ AOP ◯ AOC ◯ BIO ◯ IGP

Cuvée : .... Millésime : ....

Cépage(s) : ....

Région/pays : ....

Degré d'alcool : .... Prix de la bouteille : ....

Provenance

Producteur : ....

Coordonnées : ....

....

Gestion

Nombre de bouteilles entrées : .... Date d'achat : ....

Durée de garde estimée : .... Verres conseillés : ....

Conservation

Emplacement : ....

À boire à partir de : ....

À boire avant le : ....

Apogée : ....

Dégustation

La robe :

Le nez :

Le palais :

Commentaires de dégustation :

Note : ☆ ☆ ☆ ☆ ☆ Servir à : °C

Plats à associer :

Dégusté le : Avec :

Dégusté le : Avec :

FICHE D'IDENTITÉ DU VIN

Domaine/château : ....

Appellation : ◯ AOP ◯ AOC ◯ BIO ◯ IGP

Cuvée : .... Millésime : ....

Cépage(s) : ....

Région/pays : ....

Degré d'alcool : .... Prix de la bouteille : ....

Provenance

Producteur : ....

Coordonnées : ....

....

Gestion

Nombre de bouteilles entrées : .... Date d'achat : ....

Durée de garde estimée : .... Verres conseillés : ....

Conservation

Emplacement : ....

À boire à partir de : ....

À boire avant le : ....

Apogée : ....

Dégustation

La robe :

Le nez :

Le palais :

Commentaires de dégustation :

Note : ☆ ☆ ☆ ☆ ☆ Servir à : °C

Plats à associer :

Dégusté le : Avec :

Dégusté le : Avec :

FICHE D'IDENTITÉ DU VIN

Domaine/château : ....

Appellation : ◯ AOP ◯ AOC ◯ BIO ◯ IGP

Cuvée : .... Millésime : ....

Cépage(s) : ....

Région/pays : ....

Degré d'alcool : .... Prix de la bouteille : ....

Provenance

Producteur : ....

Coordonnées : ....

....

Gestion

Nombre de bouteilles entrées : .... Date d'achat : ....

Durée de garde estimée : .... Verres conseillés : ....

Conservation

Emplacement : ....

À boire à partir de : ....

À boire avant le : ....

Apogée : ....

Dégustation

La robe : ....

Le nez : ....

Le palais : ....

Commentaires de dégustation : ....

Note : ☆ ☆ ☆ ☆ ☆ Servir à : .... °C

Plats à associer : ....

Dégusté le : .... Avec : ....

Dégusté le : .... Avec : ....

FICHE D'IDENTITÉ DU VIN

Domaine/château : ....

Appellation : ◯ AOP ◯ AOC ◯ BIO ◯ IGP

Cuvée : .... Millésime : ....

Cépage(s) : ....

Région/pays : ....

Degré d'alcool : .... Prix de la bouteille : ....

Provenance

Producteur : ....

Coordonnées : ....

....

Gestion

Nombre de bouteilles entrées : .... Date d'achat : ....

Durée de garde estimée : .... Verres conseillés : ....

Conservation

Emplacement : ....

À boire à partir de : ....

À boire avant le : ....

Apogée : ....

Dégustation

La robe :

Le nez :

Le palais :

Commentaires de dégustation :

Note : ☆ ☆ ☆ ☆ ☆ Servir à : °C

Plats à associer :

Dégusté le : Avec :

Dégusté le : Avec :

FICHE D'IDENTITÉ DU VIN

Domaine/château : ....

Appellation : ◯ AOP ◯ AOC ◯ BIO ◯ IGP

Cuvée : .... Millésime : ....

Cépage(s) : ....

Région/pays : ....

Degré d'alcool : .... Prix de la bouteille : ....

Provenance

Producteur : ....

Coordonnées : ....

....

Gestion

Nombre de bouteilles entrées : .... Date d'achat : ....

Durée de garde estimée : .... Verres conseillés : ....

Conservation

Emplacement : ....

À boire à partir de : ....

À boire avant le : ....

Apogée : ....

Dégustation

La robe : ....

....

....

....

Le nez : ....

....

....

....

Le palais : ....

....

....

....

Commentaires de dégustation : ....

....

....

....

Note : ☆ ☆ ☆ ☆ ☆ Servir à : .... °C

Plats à associer : ....

....

Dégusté le : .... Avec : ....

....

Dégusté le : .... Avec : ....

....

FICHE D'IDENTITÉ DU VIN

Domaine/château : ....

Appellation : ◯ AOP ◯ AOC ◯ BIO ◯ IGP

Cuvée : .... Millésime : ....

Cépage(s) : ....

Région/pays : ....

Degré d'alcool : .... Prix de la bouteille : ....

Provenance

Producteur : ....

Coordonnées : ....

....

Gestion

Nombre de bouteilles entrées : .... Date d'achat : ....

Durée de garde estimée : .... Verres conseillés : ....

Conservation

Emplacement : ....

À boire à partir de : ....

À boire avant le : ....

Apogée : ....

Dégustation

La robe : ....

....

....

....

Le nez : ....

....

....

....

Le palais : ....

....

....

....

Commentaires de dégustation : ....

....

....

....

Note : ☆ ☆ ☆ ☆ ☆ Servir à : .... °C

Plats à associer : ....

....

Dégusté le : .... Avec : ....

....

Dégusté le : .... Avec : ....

....

FICHE D'IDENTITÉ DU VIN

Domaine/château : ....

Appellation : ◯ AOP ◯ AOC ◯ BIO ◯ IGP

Cuvée : .... Millésime : ....

Cépage(s) : ....

Région/pays : ....

Degré d'alcool : .... Prix de la bouteille : ....

Provenance

Producteur : ....

Coordonnées : ....

....

Gestion

Nombre de bouteilles entrées : .... Date d'achat : ....

Durée de garde estimée : .... Verres conseillés : ....

Conservation

Emplacement : ....

À boire à partir de : ....

À boire avant le : ....

Apogée : ....

Dégustation

La robe :

Le nez :

Le palais :

Commentaires de dégustation :

Note : ☆ ☆ ☆ ☆ ☆ Servir à : °C

Plats à associer :

Dégusté le : Avec :

Dégusté le : Avec :

FICHE D'IDENTITÉ DU VIN

Domaine/château : ....

Appellation : ◯ AOP ◯ AOC ◯ BIO ◯ IGP

Cuvée : .... Millésime : ....

Cépage(s) : ....

Région/pays : ....

Degré d'alcool : .... Prix de la bouteille : ....

Provenance

Producteur : ....

Coordonnées : ....

....

Gestion

Nombre de bouteilles entrées : .... Date d'achat : ....

Durée de garde estimée : .... Verres conseillés : ....

Conservation

Emplacement : ....

À boire à partir de : ....

À boire avant le : ....

Apogée : ....

Dégustation

La robe : ....

....

....

....

Le nez : ....

....

....

....

Le palais : ....

....

....

....

Commentaires de dégustation : ....

....

....

....

Note : ☆ ☆ ☆ ☆ ☆ Servir à : .... °C

Plats à associer : ....

....

Dégusté le : .... Avec : ....

....

Dégusté le : .... Avec : ....

....

FICHE D'IDENTITÉ DU VIN

Domaine/château : ....

Appellation : ◯ AOP ◯ AOC ◯ BIO ◯ IGP

Cuvée : .... Millésime : ....

Cépage(s) : ....

Région/pays : ....

Degré d'alcool : .... Prix de la bouteille : ....

Provenance

Producteur : ....

Coordonnées : ....

....

Gestion

Nombre de bouteilles entrées : .... Date d'achat : ....

Durée de garde estimée : .... Verres conseillés : ....

Conservation

Emplacement : ....

À boire à partir de : ....

À boire avant le : ....

Apogée : ....

Dégustation

La robe :

Le nez :

Le palais :

Commentaires de dégustation :

Note : ☆ ☆ ☆ ☆ ☆ Servir à : °C

Plats à associer :

Dégusté le : Avec :

Dégusté le : Avec :

Spiritueux

FICHE D'IDENTITÉ

Nom :

Type :

Année : Âge :

Région/pays :

Fûts :

Degré d'alcool : Prix de la bouteille :

Provenance

Producteur :

Coordonnées :

Gestion

Nombre de bouteilles entrées : Date d'achat :

Durée de garde estimée : Verres conseillés :

Conservation

Emplacement :

À boire à partir de :

À boire avant le :

Apogée :

Dégustation

La robe :

Le nez :

Le palais :

Commentaires de dégustation :

Note : ☆ ☆ ☆ ☆ ☆ Servir à : °C

Plats à associer :

Dégusté le : Avec :

Dégusté le : Avec :

FICHE D'IDENTITÉ

Nom :

Type :

Année : Âge :

Région/pays :

Fûts :

Degré d'alcool : Prix de la bouteille :

Provenance

Producteur :

Coordonnées :

Gestion

Nombre de bouteilles entrées : Date d'achat :

Durée de garde estimée : Verres conseillés :

Conservation

Emplacement :

À boire à partir de :

À boire avant le :

Apogée :

Dégustation

La robe :

Le nez :

Le palais :

Commentaires de dégustation :

Note : ☆ ☆ ☆ ☆ ☆ Servir à : ....°C

Plats à associer :

Dégusté le : Avec :

Dégusté le : Avec :

FICHE D'IDENTITÉ

Nom : ....

Type : ....

Année : .... Âge : ....

Région/pays : ....

Fûts : ....

Degré d'alcool : .... Prix de la bouteille : ....

Provenance

Producteur : ....

Coordonnées : ....

....

Gestion

Nombre de bouteilles entrées : .... Date d'achat : ....

Durée de garde estimée : .... Verres conseillés : ....

Conservation

Emplacement : ....

À boire à partir de : ....

À boire avant le : ....

Apogée : ....

Dégustation

La robe : ....

....

....

....

Le nez : ....

....

....

....

Le palais : ....

....

....

....

Commentaires de dégustation : ....

....

....

....

Note : ☆ ☆ ☆ ☆ ☆ Servir à : ....°C

Plats à associer : ....

....

Dégusté le : .... Avec : ....

....

Dégusté le : .... Avec : ....

....

FICHE D'IDENTITÉ

Nom : ....

Type : ....

Année : .... Âge : ....

Région/pays : ....

Fûts : ....

Degré d'alcool : .... Prix de la bouteille : ....

Provenance

Producteur : ....

Coordonnées : ....

....

Gestion

Nombre de bouteilles entrées : .... Date d'achat : ....

Durée de garde estimée : .... Verres conseillés : ....

Conservation

Emplacement : ....

À boire à partir de : ....

À boire avant le : ....

Apogée : ....

Dégustation

La robe : ....

....

....

....

Le nez : ....

....

....

....

Le palais : ....

....

....

....

Commentaires de dégustation : ....

....

....

....

Note : ☆ ☆ ☆ ☆ ☆ Servir à : .... °C

Plats à associer : ....

....

Dégusté le : .... Avec : ....

....

Dégusté le : .... Avec : ....

....

FICHE D'IDENTITÉ

Nom : ....

Type : ....

Année : .... Âge : ....

Région/pays : ....

Fûts : ....

Degré d'alcool : .... Prix de la bouteille : ....

Provenance

Producteur : ....

Coordonnées : ....

....

Gestion

Nombre de bouteilles entrées : .... Date d'achat : ....

Durée de garde estimée : .... Verres conseillés : ....

Conservation

Emplacement : ....

À boire à partir de : ....

À boire avant le : ....

Apogée : ....

Dégustation

La robe : ....

....

....

....

Le nez : ....

....

....

....

Le palais : ....

....

....

....

Commentaires de dégustation : ....

....

....

....

Note : ☆ ☆ ☆ ☆ ☆ Servir à : .... °C

Plats à associer : ....

....

Dégusté le : .... Avec : ....

....

Dégusté le : .... Avec : ....

....

FICHE D'IDENTITÉ

Nom : ....

Type : ....

Année : .... Âge : ....

Région/pays : ....

Fûts : ....

Degré d'alcool : .... Prix de la bouteille : ....

Provenance

Producteur : ....

Coordonnées : ....

....

Gestion

Nombre de bouteilles entrées : .... Date d'achat : ....

Durée de garde estimée : .... Verres conseillés : ....

Conservation

Emplacement : ....

À boire à partir de : ....

À boire avant le : ....

Apogée : ....

Dégustation

La robe : ....

....

....

....

Le nez : ....

....

....

....

Le palais : ....

....

....

....

Commentaires de dégustation : ....

....

....

....

Note : ☆ ☆ ☆ ☆ ☆ Servir à : .... °C

Plats à associer : ....

....

Dégusté le : .... Avec : ....

....

Dégusté le : .... Avec : ....

....

FICHE D'IDENTITÉ

Nom : ....

Type : ....

Année : .... Âge : ....

Région/pays : ....

Fûts : ....

Degré d'alcool : .... Prix de la bouteille : ....

Provenance

Producteur : ....

Coordonnées : ....

....

Gestion

Nombre de bouteilles entrées : .... Date d'achat : ....

Durée de garde estimée : .... Verres conseillés : ....

Conservation

Emplacement : ....

À boire à partir de : ....

À boire avant le : ....

Apogée : ....

Dégustation

La robe :

Le nez :

Le palais :

Commentaires de dégustation :

Note : ☆ ☆ ☆ ☆ ☆ Servir à : °C

Plats à associer :

Dégusté le : Avec :

Dégusté le : Avec :

NOTES